建築の多感

長谷川堯　建築家論考集

鹿島出版会

本書は、武蔵野美術大学の出版助成を受けた出版である。

建築の多感

目次

焼け跡とそれに続く肉親さがし

論考――東孝光

あずま・たかみつ　1933～

大阪市生まれ。1957年、大阪大学構築工学科卒業。郵政省建築部、坂倉準三建築研究所を経て、1968年独立。自邸「塔の家」(1966)で鮮烈なデビューを飾り、70年代へとつづく都市住宅派のシンボルとなった。1985年から大阪大学教授、千葉工業大学教授を歴任。
おもな作品に、ホワイト・マジック・ボックス（矢野邸、1968)、大阪探険基地（赤塚邸、1969)、粟辻邸（1971)、さつき保育園（1969、1973)、ワット・ハウス（1977)、ホテル ブレストンコート（1992～95）など。日本建築学会賞作品賞（1994)。長女は建築家として活躍の東利恵。

家人は、どうしてそんなに熱心に見ているのか、と不思議そうに私に聞く。テレビの画面には、顔を涙でぬらし、ぎこちなく抱きあうさまざまな家族の姿が映っている。今年もまた中国から質素で飾り気のない服に緊張した体をつつんだ旅人たちが東京へやってきた。残された小さな傷跡や、幼児のおぼろげな記憶を、わずかな手がかりとして、失われた父母や兄弟とのきずなの回復を求める人たちのことだ。「中国残留孤児」と呼ばれる彼らの表情はどれも真剣であった。念願の出会いを実現した人、反対に肉親の訪れを遂に見ずに去る人の悲嘆。単なる好奇心とか同情といったものだけではなくて、私は彼ら、中年になった「孤児」たちの姿からどうしても目がはなせない。とはいっても私自身が終戦時に中国にいたのではないし、また私のまわりに、敗戦の混乱の中で、子供を置き去りにしなければならなかった者がいるわけでもない。それでもひどく気にかかる何かがある。

その気がかりの原因をひと言でいうなら、私が彼ら「孤児」たちとほぼ同年輩であるから、ということにつきるだろう。終戦の年に私は満八歳であった。「孤児」たちの年齢層は一九四五年の終戦時点で〇歳から十歳前後までの人たちに集中している。一九三五（昭和十年）年から一九四五（昭和二十）年に生まれた、今三六歳から五十歳前までぐらいの年齢である。だから私は、もし自分の家族があのとき大陸や半島にいたならば、とふと考えてしまうのだ。彼らの今の立場は、もしかしたら自分のものであったかもしれない、という想い。それがおそらく私が彼らの映像から目をはなせない、ひとつの大きな理由であるにちがいない。彼らは時に私であり、私たちである、というようなこの奇妙な共感、一体感は、ひと言でいえば同じ世代の共感であり、一体感であるだろう。

しかし、そうはいっても彼ら「孤児」たちと、国内の戦後を生きた私たちとが同じであるわけはない。彼らと私たちの三十年は、同じ時間の長さは持っていても、内容はおよそかけはなれたものだ。革命も四人組も私たちは知らない。それを一体感とか共感とか、いささか感傷まじりにいうのは少し筋がちがう、といわれてもしかたがない。ただそれにもかかわらず、彼らの時間と私たちの時間との間に何かしら相通じるものがあるのではないか、根底はもしかして同じではないか、という気持が根強く残り、最近ではその考えが私の心の隅でますます強くなっていく。その共に所有している認識といったものをひと言でいうのはなかなかむずかしいけれども、あえていうとすれば次のようになるだろう。一九三五(昭和十)年前後から一九五〇(昭和二五)年頃までに生まれた日本人たちが、彼らの少年期を、敗戦とそれに続いた占領期間の中で送ったがために、「前の日本」と「後の日本」、つまり戦前の日本の歴史と戦後のそれとの切り換えの狭間《はざま》に置かれたかたちになり、そのどちらにも組み入れられずに、少し大げさにいえば、世代として置きざりにされたのではなかったか。どこかへ捨てられたり、あずけられたりした年代、いわば所在のない世代ではなかったか。その〝運命〟が最も苛酷なかたちで集約的にあらわれたのが「日本人孤児」たちであって、私たちは彼らの孤独な姿を見て、ふとあらためて、自分たちの年代がもともと背負っていたもの、にもかかわらずこれまであまり深く考えもしなかった事実にいま思いあたることになったのではないか。

　たしかに私たちの世代は、「孤児」たちの国籍喪失の事実ほど明確ではないにしても、自分たちは一体どこまで日本人なのか、といった社会的な所在なさのようなものを、いつもどこかで感じているし、彼らの「肉親喪失」ほどでもなくても、一九四五年の時点で歴史の連続性が鋭く切断されたことを感じつづけてもいる。戦前を現実に生きた人たちと、戦後しか知らない人たちとの間で、この世代は、世代そのものが「孤児性」を内面に持続し続けている。

さて前置がやや長くなったが、ここでとりあげようとする一人の建築家・東孝光の思惟と行動の中には、まさにそのような意味における「世代の霧」が深く立ち込めていること、彼の仕事のすべては、彼が内的にいだいている「孤児性」と決して無縁ではないことなどを、私はこれから少しずつ明らかにしていきたいと思う。ちなみに東は、昭和八(一九三三)年、大阪の下町に生まれている。敗戦の時、十二歳であった。ちょうどこの世代の上限に属する年齢である。

戦前から戦後へと生きのびた人たちの多くが、敗戦の時からかなりたった後で、こもごも、もう敵機がくることもなくなった青空の下にカランとひろがっていた「焼け跡」の光景について回想しはじめた。しかし焼け跡とよばれる物理的な空間は同じものであっても、それを前にした人の心は必ずしも同じではなかったことを、ここでは少し慎重に考えてみる必要があるであろう。

東孝光もまた、自分自身の少年期の原風景として「焼け跡のイメージ」があったことをくりかえし語っている。彼はちょうど終戦の日、焦土となった大阪の街へ、父親につれられて、疎開先の奈良県から帰ってきた、という。「帰ってきたらすでにそこに焼け跡があって、好奇心のかたまりみたいな年代ですから、そこに何があるだろうと、わくわくしていた」と、ある雑誌編集者のインタビューにも答えている(傍点引用者)。

この場合、焼け跡に「わくわくしていた」とは奇妙な表現と思われるかもしれない。しかしこのいい方にこそ、東の、あるいは東の世代にとっての焼け跡の最も特徴的なとらえかたがあることもたしかである。

東よりもう少し年齢が上の人たちが焼け跡に直面した時には、「わくわく」はすることが多分できなかったはずだ。なぜなら彼らは焼け跡が成立する過程を、好むと好まざるにかかわらず、いやというほど見たからである。ということは彼らは焼け落ちる前の都市、平穏だった頃の社会を知っている。しかもそれが焼けてしまった。その間に多くの市民が死ぬのを目撃した。戦争で今まで所有していたあらゆるものを失ってしまった。彼らが焼け跡を原風景とする時に、この喪失感と戦災そのものの恐怖がその光景に決定的な色彩を与えている。

ところが東や彼の世代にとっては、前にあったものが焼け落ちてしまった事実は、彼らの内的風景にあまり大きな意味を持たない。東が疎開先からある日大阪に帰ってきたように、彼らが見たものは、「すでに……あった」焼け跡なのだ。焼け跡が成立する苛酷な過程は省略されて、風景は既に彼の前に存在している。東はいう。「戦争でのつらい体験というよりも、成長期にすでに焼け跡があって、そこの中で何を見つけるか、という体験」(同右)こそが彼にとって意味を持っていたと。だから東たちには、戦争ですべてを失ってしまった、という喪失感も、やっと終わった、やれやれ、というような安堵感も、もう一度いちからやりなおしだ、といったけなげな決心もほとんど無関係であったのだ。

そのことが彼らにとって、彼らより上の世代に比較して、あるいはまた焼け跡などまるで知らない後の世代に比較して、しあわせであったかどうかはわからない。ただそういう世代だった。焼ける前の街が具現していたような歴史や社会あるいは文化と、東たちは無縁でいることができた。ちょうど「残留孤児」たちが自分の父母や兄姉の顔を知らないように、戦前の都市風景との間が切断されている。と同時にその焼け跡が将来どうなるか、あるいはなるべきか、といったことにも明確な像はまだどこにも用意されていなかった。ただ焼け跡が目の前にあり、そこを冒険して歩くと、いろいろ面白いものが発見できるし、不思議な場所へも出る。一種の開放感、無重力、自由といったものが、東の目の中に感じられたといっても間違いではないだろう。焼け跡は、「ひょっこりひょうたん島」のように、戦前とも戦後とも切りはなされたひとつの小宇宙を形成して歴史の海を漂流し、東たちを招いていたのだ。その島の中で彼らは「孤児」を満喫する。歴史からも社会からも縁を切ったかのような無重力の中で、彼らは至極元気であった。

ところで「孤児」は、彼が彼自身の過去や彼自身の本来の社会的な位置といったものを格別気にとめないかぎりは、もともと元気で、活気にあふれた存在であり、また時には颯爽として見えることさえあるのだ。彼らはそれぞれの仕方で自分の焼け跡を、喜々として走り跳び、はねまわる。東が「わくわくしていた」というのはそれほど誇張ではなかったと思う。この「わくわくした」状態は、その後、彼が映画「摩天楼」の中で、ゲーリー・クーパー扮する建築家を見、それに刺激をうけて建築設計を将来の自分の仕事として目ざす決心をしたこと、そして大阪の大学を終えていくつかの組織で修業し、やがて東京で独立して設計事務所を持ち、自分の仕事をはじめるまで、間違いなく持続したのである。

一九六六（昭和四一）年、東孝光が三三歳の時に、後に「塔の家」とか「塔状住居」と呼ばれて広く知られることになった自邸をデザインし、その鉄筋コンクリートの建物の中に、彼の建築家としての基本的な姿勢と、具体的な手法を結晶させることに成功した。その森の中の狩人の見張り小屋を思わせるような住居の姿に、多くの人々がさまざまなかたちで衝撃をうけた。今ほどにぎやかではなかったけれども、青山の表通りに面した場所に建った東邸の敷地は、たったの六坪の広さだった。それは今話題のミニ開発の最も初期的な例であったかもしれない。その敷地の上に三・六坪の建坪の家を設計し、地下一階・地上四階、延二十坪の住宅がつくり出された。そして完成したこの

塔の家（1966）

家に建築家の夫婦と娘の家族三人が生活をはじめたのだ。しかもこの三人は、十五年後の今もなおまだその家に住んでいる！　設計者であり施主である東は、「このすまいには、一枚もとびらがない」と竣工時に強調しているとおり、(1)地下のアトリエにはじまり、居間のある二階から子供部屋の四階にいたるまでの空間はいわば重層化されたワンルームとなって連続している。建物の内外ともに施工精度のあまりよろしくない打放しのままであり、その限られた内部空間の一角を、キャンチレバーの階段が壁に連続的に突きささって登っている。つい先年、私はあらためてその家をつぶさに見学する機会を得たけれど、その家は竣工時に雑誌に発表された状態とほぼ変わらない荒々しさの中で、彼と彼の家族によって、ゆうゆうと住みこなされているのを見て正直驚き感嘆しないではいられなかった。ただ、中での唯一の変化は、雑誌に発表された写真のなかに、おそらく小学校にはいりたての頃と思える可憐な姿が写っている彼の愛嬢が、父と同じ建築家をめざしてすでに大学の最終学年をむかえるほどに見事に成人していたことであった。東夫妻もこの狭い空間の中で生きてきたし、お嬢さんも立派に成長した。まったくよくやるものだなあ、と感動するのと同時に、こんな尋常でない空間を生き切るには、よほど尋常でない決心があってのことにちがいない、とも考えた。言葉をかえていえば、東さん一家はこの住居を通して焼け跡を最後まで生き切ろう、としたのだという事実を実感することが私にもできたのだ。

　東は自分の家を東京につくろうと思い立った時に、最初に郊外の宅造地を見に行って、ここには絶対に自分は住めない、「すまいはどんなことをしてでも都会の真只中に」つくりたいと思い、わずか六坪でも青山の敷地を買うことに決めた、という。「都会の真中に生まれ、終戦後の瓦礫とバラックの中で少年時代を過ごし、都会の喧噪と混乱の歴史の中で育った私はこれからの都会の変化をその真只中で考え、論じ、見守って行きたいのである」とも書いている。このことをいいかえれば、東孝光はその家をつくることによって、まさに高度成長の波に乗ろうとしつつあった日本経済の支配する東京という街を、その原像、つまり焼け野原へと一気に引きもどしたのである。建坪三・六坪という、普通ではとても生きられそうもない狭さの中に自分たちを閉じ込め、しかもゆうゆうと生きのびることによって、彼らの家族をそうした狭さに押し込めたものの全体を、拒絶し、無に帰したのであった。彼の拒絶によって無に帰したもの、彼の想像力によって否定されたひろがりは、いうまでもなく焼け跡と呼ぶにふさわしい世界であった。

歴史における一人の「孤児」であることを焼け跡という心象風景を通して語る東孝光は、その自邸を通して、同じ世代にある私たちに、「お前たちも孤児である身の上を決して忘れるな!」と激しく檄《げき》を飛ばして戒めたかたちになったのである。私たちはその檄によって、まるで冷たい水をあびせかけられたかのように身ぶるいし、その建築を新鮮な、またまぶしいものとして見上げたのだ。そのことを私自身いまも忘れることができない。それはまさに焼け野原に君臨するガキ大将を、あこがれと尊敬と軽いおそれをいだいて見上げる一人の少年の心、といったものであったかもしれない。

それと同時に、このことを裏からみれば、すでにこの時あたりから、東や彼の世代がはっきり見ていたはずの焼け跡の、風景としての風化がすでに少しずつではあったがはじまっていた、ということでもあった。その風景を世代的な基盤とでも呼ぶべき心象風景として共有していたはずの者たちの中にも、それを忘れて、歴史の別の次元へと移行しようと考え具体的な行動をとりはじめていた人たちが、少しずつあらわれはじめていた時期でもあった。おそらく私もそうした動きに無関係ではなかったろう。だからこそ、その住居の相貌とそれが内包する意味は衝撃的なものとして私たちの目に映ったのだ。

この住宅がはじめて発表された雑誌[2]の中で、宮内康は「この住宅がスカイハウス以来の傑作であることを認めない者はいまい」と確信をもって断言している[3]。この宮内の判断は今日においても正鵠を得たものであったことに変わりはない。

菊竹清訓の「スカイハウス」(1958)と「塔状住居」(1966)の間には八年の歳月がある。一方、菊竹と東の間にはわずか五年の年齢差しかない。しかしこのふたつの建築と二人の建築家の間には、物理的な生誕の時間の差以上の大きな断層が横たわっている。そのことについては前に短い文章を書いたが[4]、ここでもう一度その差異を明確にしておくことは無駄ではないであろう。菊竹は「スカイハウス」の「ユニバーサル・スペース」を思わせるプランの歴史的原型として、平安期の〈寝殿造〉の平面とのかかわりをどこかで語っていたことがあったと思う。その比較でいえば東邸の平面は中世の〈書院造〉の位置にあたるのではないか、とその時に私は書いた。扉一枚もなしに空間的なユニットを上下に重ねることによって分節し、しかも連続させるやり方は、単位空間を雁行させ、あるいは床レベルを微妙に変化させることによって空間を律する書院造の手法の高層化ではなかったのだろうか。つまり本来横に伸張して行く空間を、六坪という制約の中でトランプを束ねるように上に重ねていっただけのプランではないか。同じ意味で古代の寝殿的空間の背後に貴族文化があり、

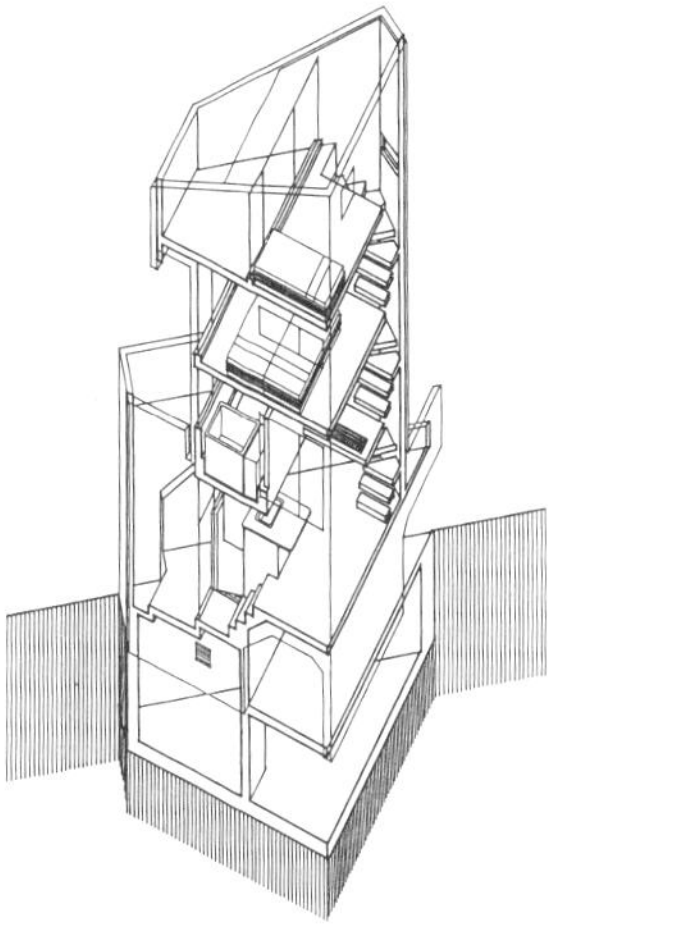

塔の家 居間

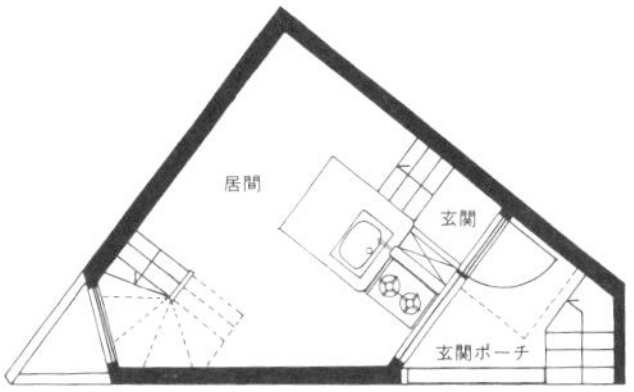

2階

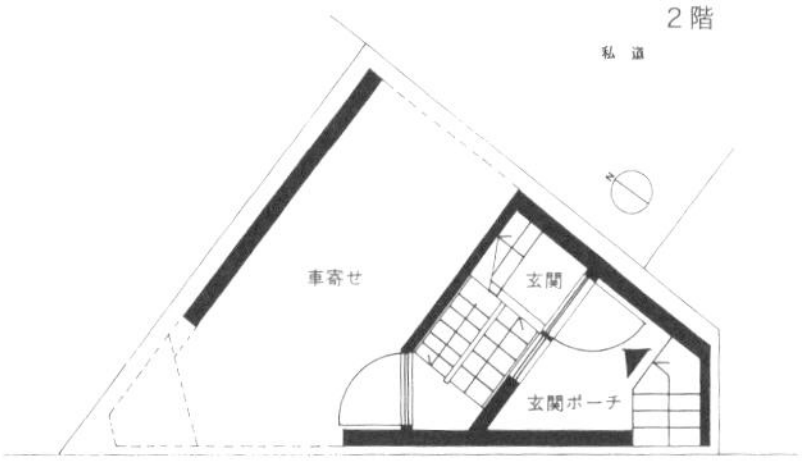

1階

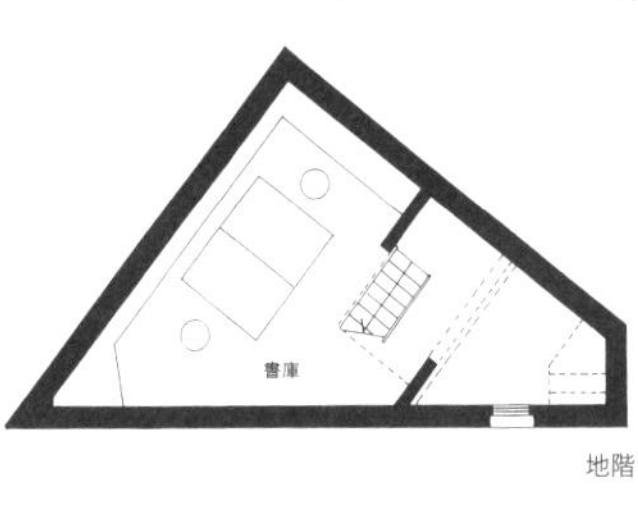

地階

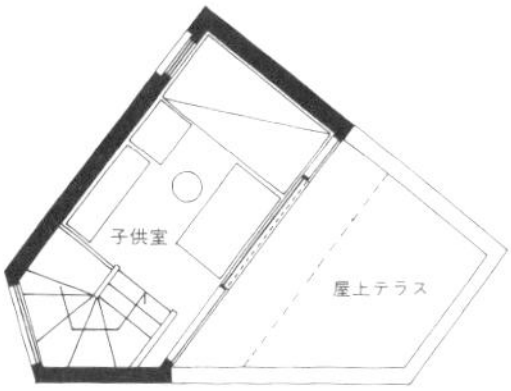

5階

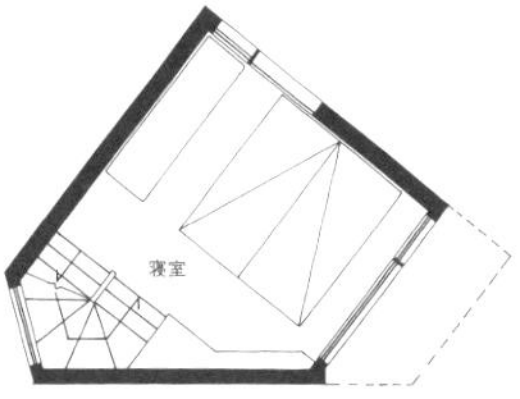

4階

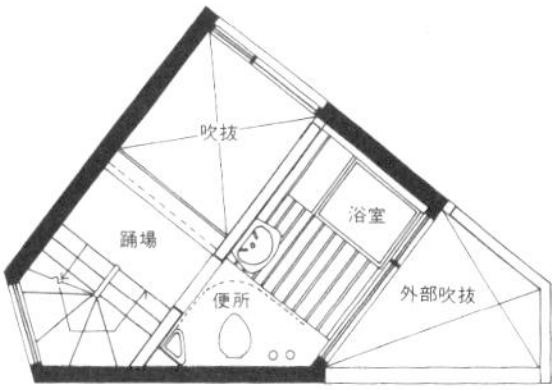

3階

塔の家 平面図

書院造の誕生の陰に武家社会の存在があったように、菊竹の「スカイハウス」が全体においてにじませている公卿性ないしは貴族性に対して、東の「塔状住居」には野卑な武士の家がもつような、ザッハリッヒで実戦的な内容が感じられる。実はこの菊竹と東の作品の基本的な差異は、この小論の冒頭に私が述べた焼け跡に対する両者のアプローチの基本的な違いから生まれたものにちがいない、と考える。つまり、菊竹は東とちがって、焼け跡が「すでにそこに……あった」とは認識していない。幸か不幸か彼は焼け跡が成立する過程を目撃した世代に属するのであり、戦前が焼け落ちるのを見た若者の一人だったのだ。彼が戦後まもなく書いた文章の中に、早稲田の大隈邸が戦災で焼け落ちて、そのあとにレンガで積んだ暖炉だけが静かに塔のように立っていたことを、鮮やかに回想した印象的なエッセイがあるが、まさにその光景が彼の歴史的な立場を物語っている。戦前が焼け落ちたことを目撃した、その強烈な印象の中ではじめて、菊竹を戦後の仕事へと駆り立てる衝動が生まれたのだ。崩壊に直面することによって、その経験をスプリングボードにして戦後へと飛躍して行く。その意味で菊竹や、彼の世代の同じような経験を持つ建築家たちは、焼け跡を脱出し、それを一気に超えようとした。彼らはその跳躍を「技術」をよりどころとした「未来」(学)といった標的を目ざすことによって試みたのだ。

これに対して「すでに……あった」焼け跡に登場し、焼け跡になった過程、もしくは焼け跡以前にほとんど関心をはらわない世代に属する東は、あえて焼け跡から脱出しなければ、という意欲は最初からもたなかったように見える。むしろ反対に焼け跡に存在する無重力、不可思議な自由、活力といったものへの無意識の思い入れから、逆に焼け跡の消失を内心恐れ、それを内的風景としていつまでも自分のまわりに引き寄せて離すまいとする。この違いが二人の建築家がつくった自邸のそれぞれにそのまま直接的に刻印されている。

あの「スカイハウス」の空間を支え、成立させている美しい版状のピロティのつま先立ちを想い出してみればいい。それは焼け跡から鳥のように飛び立とうとする設計者の深層心理をあらわしているかのようだ。他方それに対して、地面に細いくさびを打ち込んだような東邸の断面。このくさびはもちろん、廃墟としての都市をその下につなぎとめようとして打ち込まれたものだ。ふたつの家はこのようにあざやかな対照をみせて立っている。

東は、「塔の家」を完成した翌年、おそらく独立した建築家として設計依頼をうけた最初の仕事として、「ホワイト・マジック・ボックス」と自ら名付けた「矢野邸」(1968)を発表している。この建物は「マジック・ボックス」を名乗るだけあって、プランとセクションだけでは現実にどんな空間を持っているのかちょっと想像できないような複雑な住宅である。この建物の現場を担当した村田靖夫は、「実際にコンクリートが打ち上がった時、東さんが見に行って、『あれ、こんなところに、こんな空間ができたのか』なんて」いったと、大笑いをしながら当時の様子を、雑誌の中で〝証言〟している。(5)これに対して東は、「ぼくも全体がどうなるかは、まったく分らなかった(笑)。でも平面や断面だけが分って、あとの部分は分らない方が面白いんだ」と「分らない」ことが意図的なものであることを強調している。あらためていうまでもなく、東にとってここでもまた焼け跡なのだ。雑誌のインタビューでも中学の講堂の話をする時に、戦時中に兵隊の使っていた用具が戦後山積みされて放り出されている中で遊んだ昂奮を彼はうれしげに回想している。「その山の中からマット

ホワイト・マジック・ボックス（1968）

レスを引き出すとすき間ができて、どんどん掘り出して行くと洞穴ができる。ところどころ腹ばいになって行かなければ通れないような道をつくっては、その向こうに部屋をつくる……」。そうした空間をコンクリートで新たにつくったのが「マジック・ボックス」に他ならなかったのだ。

そんな建築家に設計を依頼した施主こそいいツラの皮ではないか、と誰かがいうかもしれない。それに対しては、東は、一部の人たちはよく知っているように、施主と建築家の「合作論」をもって答えてきた。「今日の建築家が社会からつきつけられている不信感の背後には、自己のオリジナリティを主張するあまり、その意図や方法論で長い間使用者をしばりつづけようとすることに対する抗議が含まれている[6]」と東は考える。そこで東はそうした建築家の〝作品〟のおしつけを回避するために施主の意向をできるだけ聞く必要があるという。「相手の具体的な人生観や姿勢こそ、長年の身についた強固なものであり頼りになるものである。私たちはそれを引き出し、整理し、展開させる」と。そのために「施主のささいなこだわりを大切に」し、「施主とデザイン論はやらないが、人生論は大いにたたかわせる」必要があるとも書いている。一九七〇年前後の日本の社会の激しい動揺を背景にしながら意気盛んな東孝光の「設計態度」が正直に語られていて面白い。特にその施主との間に「人生論」はたたかわせるが「デザイン論」はやらない、という割り切り方が大変に興味深いものがある。「人生論」をやるのは、施主と建築家の〈上下〉関係を解除するためだ。施主が建築家に命ずるのでも、建築家が施主に作品を押しつけるのでもなく、両者はひとつの建築を造ろうとする協働者、友だちだ。そのことを確認するためにも大いに語りあおう！というわけである。こうした人間のかかわりかたは、ふと、あの和辻哲郎の「人間論」、つまり人間とは、人という個ではなくて、人と人の間、人と人とのかかわりのあり方だ、というあの有名な考えを想起させたりするが、東の場合はむしろ大阪に特有な人間関係、つまり商いを仲介とした人と人との戦い、駆引き、信用、連帯といったものをその発想の土台としていたのかもしれない。かくして東は、施主と建築家は、上下関係なしに同じ地平の上に立つことができる、と確信するようになったのである。

ところでここにもまた焼け跡は顔を出す。すべてが失われた地平の上で、不思議な平等感をたよりに、おまえが金を出す、おれは偶然建築家だ、力をあわせていい建築をつくろう、という「ホームルーム」的協同体が成立することになる。どこかでくすぐったい気がしないでもないが、実際のところこれは私や東の世代にとってのひとつの〝夢〟であったことはたしかなのだ。さて実際に図面が引かれる段になって東は「デザイン論」を施主とは決して闘わせない。施主が意匠に具体的な意見を述べ、それに応えて設計者が形や空間を変えて与えたのでは、その建築は昔からある建築であっても焼け跡の建築にはならないからである。焼け跡の建築の最も基本的なあり方は、それがなによりもシェルター（避難所）であることを明示している点なのだ。俗っぽいいい方でいうならば、施主のあらゆる夢や希望をつつみ込んで、バサッとかぶさっている、そのかぶせたものが建築なのだ。東孝光の場合、かぶせるのは原則的に鉄筋コンクリートのボックスかそのバリエーションによるものである。しかも彼の場合のボックスは、かならずしもプライマリーな形態にはこだわらない。東のこのシェルターとしての建築を、かりに洋服にたとえていえば、施主がつくってもらえるのは、体にぴったりあったスーツのようなものというよりも、どちらかといえばオーバーコートのようなものと思えばわかりやすいだろう。それこそガバッと着て味のあるようなものである、たとえば東邸の魅力といったものは、焼け跡で、やせた裸に近い身体の上に、ベルトのついたコートを着て立っている、といった姿が持つある種の風情から生まれてくるものに他ならない。他の一連の彼の建築も、多かれ少なか

栗辻邸（1971）

れそうした雰囲気を持って人をひきつける。

ただこのバサッと着るシェルターは、設計者が自分の仕事に自分で感動しているほどには、施主を喜こばせていたというわけでもないようだ。施主の立場としては、自分の「人生観」をあらいざらいしゃべって、文字通り裸になって設計者に接したにもかかわらず、でき上がった建築と、自分がかねがねイメージしていたものとの間には大きな空隙があることに気付かずにはいられない。いってみれば、裸の体とコートの間に何も介在せずに、その間が欠落しているがための寒々した感覚が、使っているうちにだんだんと耐えがたいものになっていくような気がするのである。それが現実的な苦情になってあらわれる時に、東の設計した建築は、たとえば冬の間、吹抜けの空間がものすごく寒い、夏ガラス越しの直射光でたまらなく暑い、雨がザアザア漏る、風が吹き込む、音が建物全体をかけめぐるといった、施主の側からのえらく原始的な訴えとなって顕在化するのである。

しかし東孝光自身は、この種の反応を前にして、案外平然としているのは驚くべきことだが、ある意味でそれも当然といえば当然だったといえる。寒い、暑い、雨が漏る……だからこそシェルターがシェルターとして生き生きとしているのではないか、といわんばかりに彼は動じない。それがいやなら、それを克服すべく使用者のおまえもあふれるような活力を持て、と。事実、彼の建築で成功しているもののほとんどには、施主の内部的な努力の充実があったといえる。「赤塚邸」(1969)の施主の教育者としての情熱、「大山邸」(1970)「粟辻邸」(1971)の施主のインテリアデザインへのセンス、一連の保育園建築での施主と、それ以上に園児たちの幼いエネルギー等々。東孝光の建築が活性化するには、かなり住み手の側にとっては、精力と手間がかかるのだ。

一九七〇年をめぐってその前後数年に東孝光の建築のひとつのピークがあったとすれば、一九八〇年をめぐってその前後に、彼の建築が大きく転換点をむかえようとしているといえよう。実際に彼によって設計された建築の内容が変わってきているように私には思える。東は最近私に、施主と設計者の「共同作業」論といったものは、ほんとうのところごく狭い範囲の世代にしか理解されなかったのではないかと考えるようになった、と嘆いていた。焼け跡や、その中での「孤児」の立場をわかる人たちが、すっかり少なくなってしまった。と同時にその世代が持っていた焼け跡の記憶も次第にうすれていっている。オイルショックがあり、経済は低成長があたりまえ、世の中全体がなにかしら復古的だ。そうした中で「ぼくの受け取り方でいうと怠惰な施主が増えてきた。それを一生懸命ゆさぶりをかけてやろうとするんだけれども、昔ほどうまくいかないところがあるのはたしかです」(7)と東は困惑を隠さない。そうした社会の変化、つまり東が故地とした焼け跡の決定的な風化の中で、彼は「共同作業」に見切りをつけて、しかたなく建築家としての古典的な立場、設計して施主に与える方法への転換を試みているようにもみえる。最近作の「上野原の家」(1981)について、彼は、「やはりぼくも、ぼく自身の持っている世界というのをだんだん表現してみたいという気持、より濃い形で表現してみたいという気持になっている」と告白して対談相手の宮脇檀を驚かせている。(8)「上野原の家」にかぎらず彼の最近作をみると、これがあのバサッの東の建築か、と目をうたがうようなところが少なくない。

やっぱり私の体の中にも軽い衝撃が走る。東孝光も、かつての元気よく焼け跡を飛び回っていた「孤児」であることをやめて、遂に、〃肉親さがし〃をはじめた。私のそのような推測に、あたかも時をあわせるように、最近東は一冊の本を上梓した。なによりもそのタイトルが私を驚かせた。『日本人の建築空間』！　東や私の世代は、焼け跡において、この「日本」というやっかいなものが私たちのそばへ寄ってくるのを、一度きれいに「切断」したはずではなかったか。これはまさに〝肉親さがし〟、つまり「孤児」としての自らの身体の中の、わずかな手がかりをたよりに歴史の連続性をさぐる試みでなくてなんであろう。

一方、設計者としての東は最近、彼が「スリット」と呼ぶ建築内部の特殊な空間に執拗なこだわりをみせている。それは建物の内部に持ちこまれた外部空間、あるいは内と外のせめぎあいの場、あるいは「建築家の領域と住み手の領域がからみ合う」場所だとして説明されており、この場所においてあらゆる形、色、素材、空間機能といったものが衝突し火花をちらすように目論まれているという。いうまでもなくこれは、かつて東邸やその他のシェルターのすぐ外側にひろがっていたはずの焼け跡を、それが潮が引くように消えてしまった今、新たに「スリット」の中にそれを再現しようという意図から生まれ出た手法であったと思われる。ただしこの焼け跡は、かつてのそれのように即物的な実在感を持った焼け跡ではない。それは建築家の想像力のフィルターを通って、新たに射出し直されたものであり、その手続きが、従来の建築家や芸術家たちがくりかえしてきた努力と同じものであるが故に、出現した建築的な世界も、それらの〝古典的な〟建築家の仕事に異常接近して、ほとんど合体せんばかりである。ここにも東が、幼い頃に別れ別れになった彼の建築的な〝実父〟〝実母〟の存在について本気で考えはじめている姿が読み取れる。

ところで東孝光は、彼の〝肉親〟と出会って、かたく抱きあって涙をながすことになるのだろうか。それともそうしためぐりあいをどこかであきらめて、彼の〝養父母〟たる焼け跡へと再びもどっていくことになるだろうか。正直なところ今の私には、この一人の建築家の行く末はまったく見当もつかない。しかしそのどちらになるにせよ（あるいは考えられる第三の道もふくめて）、私はその選択を、他人事のようなものとして見ることができない。それは冒頭にもふれたように、私の問題であり、私たちの世代の選択の問題でもあるからだ。

私はいま、「残留孤児」たちのテレビ画面をみつめる以上の熱心さで、東孝光の今後を注目している。

（一九八一年記）

［註］

1 「ある抽象的解明」『建築』一九六七年六月号

2 『建築』一九六七年六月号

3 「リアリストの反逆」註2に同じ

4 新建築増刊『日本の現代建築』一四一頁

5 『都市住宅』一九六八年九月号　以下同じ

6 「ひとつの仮説」『新建築』一九七〇年九月号

7 宮脇檀との対談「つくる技術について五人のデザイナーと語った」『新建築』一九七六年

8 「交差点にて」『ライブエナージ』一九八二年 WINTER No.2

〈個〉の皮と殻に身をつつんで

論考――山下和正

やました・かずまさ　1937～

名古屋市生まれ。1959年、東京工業大学建築学科卒業、日建設計入社。大ロンドン市役所などを経て、1969年独立。東京造形大学助教授、東京工業大学教授などを歴任。柳工業デザイン研究会理事。コーポラティブハウスを国内でいち早く実現させた（千駄ヶ谷、1968）ほか、メーソンリーブロックによる組積構法やツー・バイ・フォー、OMソーラーといった住宅建築の技術開発にも積極的に取り組む。
おもな作品に、顔の家（1974）、フロムファーストビル（1975）、六本木ピラミデ（1990）、山形新幹線新庄駅舎（1999）、亜鉛閣（2002）など。日本建築学会賞作品賞（1977）受賞。

一年ほど前になるだろうか、某建築賞の審査があって、都内のある建物を見に出かけた時に、同じ審査員のひとりだった山下和正と現地で合流した。見学がすんで次へ移るために外へ出ると、その家の前にレモン色あるいはカレー色というのか、奇妙に目につくスポーツカーがあるのが見えた。多分その家の主人の車だと思い「ずいぶん派手な車だねえ」と、横の山下に思わずつぶやいたところ、彼が一瞬はにかむように苦笑して、黙ってその車に近付いて行ったので、私はハッとした。それが彼が最近買い替えたというポルシェなんとかという車であることにその時はじめて気がついて、ひゅう！と口笛のひとつもふきたくなる気分におそわれた。正直なところ私は仰天していたのだ。山下和正にはフォルクス・ワーゲンの〝カブト虫〟ではないのか。彼にそれ以外に似合う車はない、と勝手に思い込んでしまっていた私はドギマギして言葉が出なかった。十年ほど前、彼にはじめて会った時はすでにあのカブト虫だった。よくそれに乗せてもらった。そんなこともあって、ワーゲンは彼の顔中を埋めているヒゲと同じように、山下のパーソナリティとオーバーラップして、ほとんど動かないもの、一種の固定観念のようなものとして私の頭のなかに居坐っていたのである。もう数年もすれば、ポルシェもまた和正と不可分なものとして、ごく自然に私の目に見えてくるかもしれない。しかし今はそうではない、と少しイラツキながら、早速その助手席に乗せてもらう。「独身にもどると車の趣味も変わるもんかねえ」といや味に聞えるセリフを吐いてみる。彼は車を買い替えるよりも少し前、多くの友人たちをびっくりさせていた。「今度女房と別れたんだ」となんでもない調子でいう。それ以上にそれを聞いたものが驚いたのは、「離婚」したにもかかわらず、いままでとまったく変わらず、千駄ヶ谷に協同で建てた住まいに（前の？）夫人と子供といっしょに暮している、という話であった。一体どうなってるの?と皆訝ったが、「趣味の違いには耐えられない」としか彼は答えない。それにしても「独身にもどると……」いろいろ不思議な変化も起こる。彼はそんな私の揶揄などそしらぬ顔で受け流して、もたもたしている前の車を、スポーツカーならではの余裕のある出足でグイと追い抜いてみせて、私をヒヤリとさせて面白がっている。あっさり仕返しをされているわけだ。それにしてもこの車はワーゲンあたりとだいぶ感じが違う。皮膚感覚というのだろうか、道路の上をまるで裸で走っているような身軽さと切れ味がある。そう思うせいか山下の運転自体も前とだいぶ違うようにも感じる。思い切りがよく、時に大胆。別ないいかたをすれば、ちょっぴりフテブテしく、何かに喰らいついていくような調子で飛ばしている。

この場合、私が彼の車の趣味にこだわったのにはわけがある。あるいはこんな風に考えることもできるのではないか、とある考えがふと頭に浮かんだからだ。山下和正が日建設計をやめて独立してから十年ちょっととの時間が過ぎているが、この期間をふたつに分けて考えてみる。

千駄ヶ谷コーポラティブハウス（1968）

合掌の山荘（1963）

夫婦屋根の家（北村邸）（1968）

ひとつは山下和正の〈国民車《ワーゲン》〉時代であり、それに続くのが〈スポーツ車〉時代というわけである。彼の建築的な〈ワーゲン〉時代についてはあまり詳しい説明はもはやいらないだろう。たとえば事実上のデビュー作となった「夫婦《みょうと》屋根の家（北村邸）」（1968）以後の一連のコンクリート・ブロックの住宅などは、まさに〝建築的フォルクス・ワーゲン〟の名称がふさわしいような建物であったと思う。この〈ワーゲン〉時代は、結局「フロムファーストビル」（1975）あたりで一区切りついたのではないだろうか。続く〈スポーツ車〉時代なるものは、最近作の「ペガサスビル」（1976）あたりにはじまり、「ストライプハウス」(1980)や「大湊ホテル総合宴会場」(1981)、「田辺邸」(1980)などで、この作風はいよいよこれからひとつのピークを迎えようとしている。つまり山下の一九七〇年代が基本的に〈ワーゲン〉期ならば、八〇年代は〈ポルシェ〉期ということになるかもしれない。

もっともそんなに明快に彼の仕事を区分できるかどうかは、もう少し慎重に考えてみなければならないとも思う。しかしそうはいっても、建築家山下和正は、舞台にたとえていえば、彼が活躍したひとつの場面から、次のステージへと次第に体の重心を移動させつつあることは、間違いのない事実のようにも思われる。この種の展開が起きると、作者自身よりも、その周辺にちょっとした波風がたつことは、建築の世界に限らずよくあることだ。というのもひとつのエポックに共鳴し、深いシンパシーを感じていた設計者をとりまく人たちが、創作者の自発的な自己展開にすぐにはついて行けないで、後にとり残されたかたちになることが、しばしば起こるからである。私が彼のポルシェに一瞬違和感を感じたように、山下の最近の仕事振りにいささか戸惑っている人たちは、私の知る限りでもかなりいるように思う。

「どうして僕の研究所に依頼される住宅の仕事は、こうギリギリの計画が多いのだろうか。敷地、工費などの条件と、クライアントの要求(潜在的なものもある)との関係があまりにもタイトなのである。(中略)……楽な条件の設計ばかりしていては建築家としてためにならないのではないかとも思うのであるが、それにしてももう少し何とかならないかなというのが実感である(以上はクライアントに対する個人的な愚痴ではない[1])。」

一九七三年に完成したある住宅を『新建築』に発表する際に、山下が書いた短い解説の、これは冒頭の部分である。素朴な言葉が続く向こうに、当時の彼の設計事務所の主に経済的に切迫した様子がうかがわれる。山下は一九五九年に大学を卒業。すぐに日建設計に入り、五年後に渡欧。ドイツとイギリスの建築事務所で働き、帰国してふたたび日建に戻った。そこでしばらく働いた後、一九六九年に独立して自分の事務所をもった。この独立した後の数年間の山下をとりまいていた、いろいろな意味での忙しさや余裕のなさが、彼に悲鳴をあげさせているのを、その行間に読みとることができる。それと同時に、彼の建築もまたその頃悲鳴をあげていた。もっとも悲鳴といっても山下の場合は、ギャアギャア泣きわめく、といった種類のものではなく、むしろ非常に抑えのきいたうめきのようなものだった、といったほうが正しいかもしれない。逆に建築がうめきながら足をふんばって立っている姿が頼もしかったともいえる。彼のいう「ギリギリ」の状態をむしろ逆手に取り、その押してくる苛酷な条件の外圧をどこかで逆転させて、非常にザッハリッヒな、現実に醒めた構築物が、主に住宅としてつくり出されて行くのをみて、やはり彼がヨーロッパで〝修業〟してきたことが、よい結果を生んでいるのではないかと私たちは噂した。甘いところや、くだけたところがなく、クールなのだが、住むという目的に必要な最小限のものは過不足なく押えてある、というようないわば背筋がシャンと伸びた姿がその作品のなかに窺えたからだ。

山下が日建設計をやめて独立したのと相前後して、植田実を編集長とする『都市住宅』誌が創刊されている。植田とほぼ同世代の若い建築家たちが、その雑誌を通して続々とデビューして行き、山下和正もそのなかのひとりであったわけだが、それらの一群の若い建築家のなかでも山下の存在は、私にはある意味で他の同世代の建築家の手法とはひと味違うような気がしたことを記憶している。ちょうどその頃私は山下にはじめて出会っている。『新建築』ではじまった「月評」のメンバーとして彼が少し遅れて入ってきた時のことだ。その時の印象としては、山下はものごとをできるだけ現実的に考えて判断しようとする、その点については徹底している人だな、といった印象が記憶として残っている。なにかひとつの観念や考えにとりつかれて、世の中のすべてをそれで割り切ろうとしたり、設計も同じような方法で進める、というようなやり方を彼は取らない。そんなタイプの建築家に出会ったりすると、山下が辛辣な調子でいろいろな角度から反証をあげて相手をやり込めたりする場面に、その頃よく出くわしたりしたものだ。彼は「ぼくは状況判断人間だからね」といったりする。たしかに彼は「状況」のなかにころがっているさまざまな事柄を、ひとつひとつていねいに拾い集めて検討し、そのバラバラの事実を一定の論理のもとに再構築してみせるのが得意らしい。これは彼が持って生まれた資質であったかもしれないし、あるいはまたキャリア組の運輸官僚としての道をのぼりつめた父親の行動を、彼が子供心に見つめるなかで、いつのまにか身につけた才覚であったかもしれない。

おそらく施主に対する接触の仕方などにもそういった彼の行動様式が何らかのかたちで投影しているに違いない。施主が過大な、ときに互いに矛盾するような要求を設計者に求めてきた場合でも、彼は自分のつくりたいと思っている建築のイメージやコンセプトをふりかざして、ツッパッたりするような軽率な真似はしない。では施主のいいなりになって、その時々の個別の解決に心をくだいているかといえば、そうともいえない。彼はむりやりカードをそろえようとするようなタイプの勝負師ではないが、むこうからやってくる札はどんなものでも一応受け入れつつ、そのなかで不要のものを慎重にとりのぞき、結局、彼の思うようなかたち（論理）にまとめ上げて勝負するような男である。結局それはやはり山下和正の力わざである。そのような力が彼の設計には投影している。その結果としての彼の建築に、私たちは非常に堅実な、安定した印象を受けるのである。同時に設計者はそのような結果に対して、常にあらゆる設計上の処理を論理的に解きほぐして説明することができるように用意している。少しくどいと思われるほどに、ひとつの結果が恣意的な決断によって生じたのではなく、事実の積み重ねが自然にそういう結果を生んだのだ、と。山下はその経緯を自信ありげに説明してくれたりするのである。

論理的な思惟の方法に、演繹的なものと帰納的なものがあるとすれば、山下の場合はあきらかに帰納的な思惟を得意としている。このタイプの建築家は、少なくとも日本の建築ジャーナリズムの表面に表われてくるような設計者のなかでは、少数派であり、珍しい資質といってさしつかえないと思う。

以上のような山下の建築家としての姿勢は、実際の設計の上での、平面計画、構造および材料の選択、建築部品の選定といったさまざまな側面に、具体的に見出すことができる。たとえば彼のプランニングについて考えてみよう。彼は、独立して数年の住宅設計において、いわゆる「分離並列型プラン」と彼が呼ぶものをしきりに強調していた。それによれば、住宅は基本的に三つのスペースに分割することができる。（1）サービス空間（2）サーキュレーション空間（3）居室空間がそれである。「サービス空間」とは具体的には水回りと階段であり、「居室空間」は居間、食堂、寝室などであるのはいうまでもないが、山下のプランで注目されるのは、「サーキュレーション空間」

と呼ばれるものを、はっきりと空間領域として独立させて考えた点であった。廊下、玄関などの動線的空間が、「サービス空間」と「居室空間」をつなぎ、同時に分離する。この三つの空間を日照の点などを配慮して「居室」を南側、「サービス」を北側、中間に「サーキュレーション」を置くという直列型に配置する。山下が自ら説明している通り、これはなんのことはない日本の近代住宅の流れのなかで大正期に成立した「中廊下式住宅」を、現代風にアレンジし直したものに他ならない平面計画なのである。

本来、帰納的推理というものが個々の特殊な事実のなかから一般解を引き出す作業であるとするならば、この「分離並列型プラン」への山下の到達は、まさにそういった過程を踏んだ結果であったに違いない。実際に彼がどの程度大正期以来の日本の中廊下式の住宅にヒントを得たのかはわからないが、少なくとも大正期においてそれが成立したのは、理念とかコンセプトとかが先行し主導した結果ではなくて、従来の和風住宅を少しでも健康的なものに「改良」したいという素朴な動機からであったのであり、その意味でごく自然に固まっていったプランである。おそらく山下は現代の建築家として、さまざまな条件や要求をリアルに帰納法的に追いかけて行ったその先で、「中廊下式平面」との間に連続する地下水脈を見つけ出したに違いない。このようにして彼は日本の現代住宅のプランニングにおける「一般解」としての〈普遍性〉と、たしかな〈論理性〉を獲得したと考えたわけだが、これを見つけ出した喜びのようなものが、それを説明する当時の彼の文章や計画案のなかにも読みとることができる。たとえば「コアコン計画」と呼ばれる、規格化したRCのコアと、フレキシブルな木造の居室・サーキュレーション部分を組み合わせた計画案（一九七二年）などに、ストレートにそれが表われている。「分離並列型」というシステムを基本にして、ある程度の〝量産〟を可能にする方法をここで山下は提示したわけだが、これはいわば「型式証明付き」の住宅計画案として、まさに彼の〈国民車《ワーゲン》〉時代を象徴する計画案だったともいうことができる。

　現実にできるだけ添いながら、無駄や遊びを捨て去り、堅実に物事を組み立てて行く、という山下のやり方は、プランニングに限らず、平面《プラン》を空間化するための建築材料の選択や構造の決定においても同じように認められる特徴である。一九七〇年代の日本の建築界における山下和正の〝人気〟は、実はこの部分に彼が発揮した手腕によるところが多かったように私は思う。たとえば彼が、それまで建築材料としては脇役的な存在でしかなかったコンクリート・ブロックを建築の構造材料として見直させたことや、ずいぶん早くツー・バイ・フォーの構法を手がけてその可能性を探ったことや、コスト的に見合う輸入材料を効果的に使ってみせたこと、などなど。なかでも各種のブロックを使った組積造風の建築は、山下和正の一種の代名詞になった感があるほど、広く知られ評判になった。日本の近代建築の歴史が、明治から大正にかけての一時期のレンガ造の時代を別にすれば、基本的に柱梁の構造を原則としてきており、組積造の建築というものを歴史的に知らなかったせいもあって、山下の一連のブロック建築は、非常に新鮮なものとして人びとの目に映り、ひきつけたのである。もちろん山下以前にも、戦前では、中村鎮による、いわゆるチン・ブロック造の建築への試みがあり、また戦後の一時期にブロックを使った建築の流行もあったけれども、山下の場合ほど正面切った使い方はしていなかったように思う。おそらく彼が一九六四年から二年間、ヨーロッパにいて、その地のメーソンリーの建築をじかに目撃したことが、帰国後の設計に関係しているのではないか、と多くの人が推測したが、そのことは山下自身も否定してはいない。これらの一連の建築を通して、山下は構造的な荷重を受けている〈壁〉のリアリティというものを、私たちに教えた、といえるのではないだろうか。先述のように、日本の建築が軸組的構造であったために、壁に力がかかることの面白さをよく知らなかったということを、彼のブロック建築の壁面の目地模様が、私たちに思い知らせたのだ。壁が生きている。他の日本の多くの建築家の場合、たとえばRCの壁構造を採用している場合でさえ、壁が何か無力で、死んでいることが多いように感じる。それは主に開口部の取り方が下手なせいで起こるのだが、その辺を山下の場合は、構造体である制約を逆に利用して、抑えのきいた開口部を付けて壁面を生きたものにすることに成功している。

このような山下の構造体の扱い方を考える上で注目されるのは、構造体を骨組とか壁と床面の構成物といったものとしてとらえるよりも、どちらかといえばそれを皮もしくは殻のようなものとして考えようとするような傾向がみられることであろう。コンクリート・ブロックは、たしかに面として考えれば単なる構造壁としてそれぞれ独立して立っているけれども、これを全体としてみると、RCの床スラブと一体化し

豊口邸（1969）

て、硬く厚い構造的な〝皮（膜）〟もしくは〝殻〟のようなものとして考えることができる。動物の巣とか貝殻とかがそうであるように壁が連続し、それに天井と床が加わってひとつの〝殻〟をなしている。そう考えてくると「北村邸」（1968）にはじまり、「豊口邸」（1969）、「瀬下邸」（1970）、そして「TBMメーソンリーハウス」（1981）にいたるまでの一連の住宅はいずれも〝皮・殻〟的な性格をそれとなく私たちの目に訴えていることに気付くのである。それらの住宅は、シェルターというものが本来持っている親しさが魅力である。その貝殻のようなシェルター的性格を、設計者自身が思わず知らず、これら一連の住宅の図面の上にのせてしまったディテールがあるのを読者は気付かれただろうか。それは「北村邸」、「瀬下邸」、「豊口邸」などに装備された一階庭側の開口部の「テラス戸」と設計者が呼んでいる、濡れ縁とガラリ戸を兼ねた巻き上げ式の雨戸である。これはまさに貝の蓋そのものではないか！　立面の蓋、実はこの「巻き上げテラス戸」は、山下和正の処女作ともいうべき「合掌の山荘」（1963）に最初に表われている。これに対しては、設計者は「シーズン・オフの戸締りをよくするため」というもっともな説明をあてているが、それとは別に、このディテールはもしかしたら山下和正という設計者の「深層心理」といった部分にふれるひとつの有力な手掛りではないかと私は考える。この部分的に開閉する壁（蓋）が何を意味するかは後で詳しくふれるけれども、その前にこの「合掌の山荘」もまた合掌の木造トラスの構造を採用しながらも、実際には三角形の断面を持つ立体的な〝皮・殻〟的構造体であることをひとまず指摘しておきたい。山下のクセはすでにこの頃からはじまっている。

さて、続いてこうした山下の〝皮・殻〟好みは、メーソンリーの場合に限らないことがわかってくる。たとえばRC造の場合、彼がもっともよく使うのは軸組構造ではなく壁構造であるが、彼がそれを好むのは、経済性とか彼自身がその技術に手なれているという理由のほかに、先の場合と同じく〝皮・殻〟として直接的に捕捉しやすいという理由も隠されていたように思われる。「千駄ヶ谷コーポラティブハウス」(1968)、「渡辺集合住宅」(1971)、「永原邸」(1973)、「遠藤邸」(1972)、「花内邸」(1974)、「松葉邸」(1975)など、RC造のほとんどが壁構造である(ただRCの場合、開口部の処理がメーソンリーよりも自由になるせいもあって。特に南立面において〝皮〟の連続性が失われることが多いのは問題であろう。その意味で「渡辺集合住宅」も、その後の「花内邸」「松葉邸」も、あまり山下和正のデザインらしさが感じられず、そのプランほどには私には強い興味がわかなかった)。

構造体を〝皮もしくは殻〟のようなものとして実現してみたい、という多分山下自身にとっても多くの場合無意識での意欲は、別の方向にも展開していった。具体的にはアメリカ系の木構造の日本への導入の努力がそれである。日本ではまだほとんどの人が注目することのなかった頃、山下はアメリカのバルーンフレームに興味を持ち、それを日本で実現するためにツー・バイ・フォー構法の研究を地道にやりはじめていた。その成果として一九七一年の「MOV山荘」がバルーン・フレームでつくられ、ほぼ同じころ、「小尾別邸」(1970)や「ユニットハウス〝Qハット〟」(1971)や「ビラアチス」(1973)にツー・バイ・フォーの技術が部分的に採用されたりしている。彼はこのように日本での先駆的なツー・バイ・フォーの技術開発に熱を入れていたが、後にその種の研究が他でも盛んに行われるようになると、あっさりそれから離れている。さらに、アメリカ系の木構造の採用に関連して、日本にそれまであまりなじみのなかった外装材としてのウッド・シングルを早くからとりあげ、別荘建築の外壁などで効果的な使い道を彼が示したことなども、私たちは一応記憶しておくべきであろう。それはともかく「小尾別邸」にせよ「MOV山荘」にせよ、これらの木造の別荘建築は、一部に在来の軸組構造を使っている場合でさえ（当時の法規の関係からそうなったと聞いた）形態とか内部空間はまったく〝皮・殻〟的構造の結果であり、自然のなかのセカンドハウスのせいか、それこそ動物の巣のようなシェルター的風貌がより直接的にこれらの建築に表われている。ブロック建築の場合とはまた違った緊張感がその立面にただよい、彼の〝皮膜好み〟を見事に表現している。説明するまでもないかもしれないが、この〝皮膜〟性の表現がさらに一歩踏み出した時に、あの「平野医院」や「ストライプハウス」が出現するのである。「MOV山荘」などはそれをはっきりと予告している。

MOV山荘（1971）

一方、山下が〝皮・殼〟的構造にこだわるといっても、軸組による構造をまったく使わないというわけではない。時にはラーメンを採用することもある（「平野医院」、「フロムファーストビル」、「ペガサスビル」など）。しかし彼がラーメンでつくる時にも、ほとんどの場合、それが軸組構造であることを外形には示さないようにしている。そのかわり、建築をとりかこむ法律的な制約のアウトラインをそのまま〝梱包〟したかのような広い壁面がつくられて、それが〝皮・殼〟的性格を代わりに強調する。一九七六年度の日本建築学会賞を受けた「フロムファーストビル」(1975)の壁面などは、ところどころにスカイライトの開口をみせて〝殼〟の複合体といった表情を見せて私たちに迫ってくる。

山下和正に設計を依頼する施主のタイプには共通した職業上の傾向があるような気がする。いわゆる自営業的色彩の強い職種の人たちが多い。「夫婦屋根の家」が彼の姉夫婦の芸術家のための家だったし、それ以後デザイナー、文筆家、医師、カメラマン、経営コンサルタント、個人企業のオーナーなど、代表的な作品の施主の多くが、自分の〈個〉性的な能力を発揮することによって成り立つ仕事に携わる人たちであったことは面白い。もちろん施主のなかには大法人とか、それに属した官吏とか会社員とかの、いわゆる〈組織人〉もいなかったわけではないだろうが、私の知る限り、山下の独立以来の建築の強力な支持者は、それとは反対の〈個人〉に多かったように思う。このことは何を意味するのだろうか。

少なくともこれまでに山下が手掛けた建築に限っていえば、彼の設計は、今の日本経済を動かしているような巨大資本が資本投下してつくったような建物を対象としていない。唯一の例外は「フロムファーストビル」であろうが、これとても山下のところに仕事がくる間に、浜野安宏という〈個〉性的なプロデューサーが介在していたことを考えると、彼が日建設計時代につくっていた一般的なビルとはまったく異なるものであったことがわかるだろう（事実、今このビルを訪ねてみると、そこがいわば「個人商店」の〝巣窟〟のようなかたちで使われているのを見出すだろう。一階や最上階の大部分を使っているテナントが、「イッセイ・ミヤケ」の会社であることも象徴的だ。ここでも山下の建築空間を好んで使っている人たちは同じタイプの人たちである）。

「組織の時代」といわれる現在の社会の趨勢に逆らって〈個人〉としてどれだけのことがやれるか、と果敢に挑戦している人たちに高い評価を受けるのは、それらの建築を設計する山下和正自身が、ひとりの建築家として〈組織〉よりも〈個〉を重要に考える設計者であったことが、

フロムファーストビル（1975）

大いに関係している。山下は日建設計をやめた頃、ことあるごとに日建設計、とくに林昌二に対する強い反撥をもらしていたことを今私は思い出す。多分彼のいらだちは、ヨーロッパの建築界が肌にあうような山下のいい意味での〈個人主義〉的性格が、日建設計という〈組織〉の中で仕事をする回路の中から閉め出されたところから生まれたものであったのではないかと私は推測する。だからこそ、〈設計組織〉と〈組織の建築〉をともに自分自身の身体に体現しようとしていた林昌二に、自分の思想上の仮想〝敵〟を山下は常に見ていたのではなかったか、と私は想像している。さらに山下のプライバシーに立ち入っていえば、彼が最近友人たちを煙に巻きながら実行したという「離婚」にしても[2]、少し親切に解釈すれば、彼の〈個〉を重視する意識の結果であったからともいえなくはない。「家族」というのはもっとも原理的な〈組織〉である。それを解体してそれぞれの〈個〉の共同生活に彼はつくり変えようとしたのではなかったか。

　さて、山下の行動と設計に、〈組織〉より〈個人〉、〈全体〉より〈個〉を重視しようとする心理的な傾斜があり、そうした方向を確実なものにする手段として、帰納法的な機能主義を彼は重視していることを明らかにしたところで、先に見た彼の建築における〝皮・殻〟的性格の意味について改めて確認しておこう。彼の〝皮・殻〟が包み込んでいる空間的内容は、もはやいうまでもなく、先述の〈個人〉もしくは〈個〉のひろがりであり、〝皮〟や〝殻〟としての建築的外皮は、そうした〈個〉の世界を内側に実現しながら、それをいわば〝梱包〟し保護しているのである。したがって建築の外形は常にこの〝梱包〟的性格を表面に明示していることを要求される。時にブロックであり、ストライプであり、バルーン・フレームであり、またある時には苦しまぎれのおどけ顔のファサードであるにせよ、内部空間は厳しく包み込まれて守られている。〈個〉は彼の建築のなかに立てこもっている。その意志を直接的に示した一つのディテールが、先にふれた「巻き上げテラス戸」であったことはすでにみた。こうして外に対して基本的に閉じられた空間は、その〝殻〟のなかでどのような内容を付加されたであろうか。当然のことながら、空間の水平方向への自由度は、相対的に制限されるが、反対に垂直方向の空間の上昇と変化は、非常にめざましいものになってくる。彼は多くの設計で、敷地の制約を読み取りながら建物を多層化してかなりを地中階として埋め、スキップフロアを使って階段による昇降をなめらかにする工夫をみせている。あるいは屋内の一部を吹き抜けの高い天井として、そのなかにラセン階段などを置いて上下移動に変化をつける。かならずスカイライトを取り、空間の上昇感を出し、また屋根裏部屋を傾斜屋根の下に造ることを好む。

　これらはすべてバシュラールのいう、家屋の〈垂直性〉という西欧の建築の固有の性格に同調するものである。もちろん、〈個人主義 individualism〉は西欧社会が育てたものであり、それこそが家屋の内部空間の垂直性を求めたものであった以上、同じような内容に共感した山下の建築が、それに似た内容を結果的に持ったとしても少しも不思議ではない。この他ひと言つけ加えるとすれば、彼の「分離並列型プラン」における廊下などの「サーキュレーション空間」の重視もまた、住居における〈個〉の移動の確保という目的があってこそ考えられた点ではなかろうか。いわゆる「ユニバーサル・スペース」とか、動線がすべて居間に集中させられ、さばかれているような住居には、〈個〉の共同生活は成立し難い。

山下の八〇年代型〈ポルシェ〉時代について書く紙数が残念ながら尽きてしまった。しかし当然のことながら基本的なもの——〝殻〟性や垂直的空間性——はほとんど変わることなく続いている。最近作の「ストライプハウス」などがそれを証明している。ただ目をあざむくような強い縞模様がその上をおおっているだけの話である。ただその〝殻〟が私たちに見せる表情は、〈ワーゲン〉時代の生真面目なそれに比べて、大いに変化し、大胆かつ華麗になった。それは彼の運転のように自信にあふれ、時に茶目っ気たっぷりである。

「顔の家」(1974)にはじまったファサードのおどけは、正面切ったものからやがて「ペガサスビル」のひそかなほくそ笑みに展開している。この他にもアールデコ風の円や楕円をテーマにしたファサードを持つ「久保邸」(1980)や、「大湊ホテル総合宴会場」(1980)、「田辺邸」(1981)などの系列もある。山下はこれらのデザインについて、厳しい制約のなかで「わずかばかりのアタッチメント(付加物)や、デフォルメーション(変形)によって全体の意味を大きく変えられるような効果」をねらった結果として、こうしたデザインになったのだと書いている。(3)

山下のこの数年間の仕事にみられる、建築に

ペガサスビル(1976)

諧謔性を持ち込もうとするような試みは、一部でいわれているように、ワルフザケといったものでは多分ないだろう。ただ前に述べたように、彼の建築空間が、日本の精神的風土のなかで実現し難い状況を背負いながらも、やっとどうにかつくり出した〈個 individual〉の城砦であったとすれば、この彼のはしゃぎぶりは一体何だろうと、ちょっと気にならないでもない。これらの最近の彼の作品は、あたかもポルシェがワーゲンと異なるのと同じ程度か、あるいはそれ以上の激しさで、先鋭化した建築の〈個〉性を見せているのだが、はたしてその程度の手軽さで今日的な〈個〉の空間の実現が表現できるものかどうかがやはり気掛りなのである。「いやそうではない、それが非常に難しくなってきていることを、そののんきそうな形で、逆説的に示しているのだ」という弁護はあるだろう。山下のそういう苦労もわかる気がするが、もしそうだとすれば、彼のデザインには諧謔性の背後にかくれている居直りのもつ凄味といったものに、今のところは欠けているようにも思える。

建築界の一般的な流れからいえば、山下の最近の仕事は、ジェンクスのいう「ポスト・モダニズム」の潮流のひとつの表われ、ということで片づけられてしまうかもしれない。しかしそのうちに彼は、

ストライプハウス（1980）

この十年ほどの間に、これまで彼が〝皮・殻〟のなかにとらえた空間の変身とか、変貌といった困難な主題に手をつけなければならなくなってくるのではないか、と私は期待をこめて見守っている。

具体的にいえば空間の垂直方向への変化に負けないほどの多様性をそなえた、水平方向への内部空間の伸縮性が次の彼の問題になってくるはずである(最近作の「田辺邸」などにそのきざしを感じる)。〝殻〟が内側から破られ、これまでの〝殻〟を超えた新たな〝殻〟が出現した時に、設計者としての山下はこれまでとは違うまた新たな局面へと入っていくことになるのではないだろうか。もう一度気持を入れかえて、プランと構造をいじる時がくるはずだ。

建築界に限らず、今の社会全体の状況として、〈個〉を追求するものの側に、疲れとある種の倦怠感がある。そうした気分からできるだけ早く脱却しなければならないと、私自身も悩んでいるが、山下に同じようなあせりが高まりつつあるかどうかは、まだわからない。

(一九八一年記)

[註]

1 『新建築』一九七四年二月号所収

2 詳しくは「山下和正――わが軌跡を語る」『別冊新建築 日本現代建築家シリーズ3 山下和正』新建築社 一九八一年九月

3 「表現について」『新建築』一九八〇年八月号

プライマリーの箱と内側のディテールのやさしさ

論考——宮脇檀

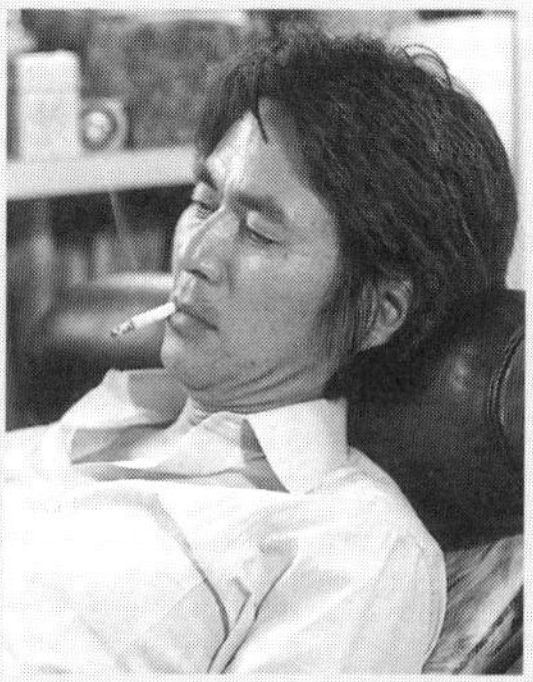

みやわき・まゆみ　1936 〜 98

名古屋市生まれ。1959 年、東京芸術大学建築科卒業。1961 年、東京大学大学院修士課程修了。吉村順三に師事し 1964 年独立。立方体を基本にしたプライマリー、RC の箱に木の架構を挿入する〈混構造〉ボックスシリーズのほか、戸建て集合住宅地でも実績多数。また、集落調査によるデザインサーベイの先鞭をつけた。エッセイストとしても知られ、住宅論を中心に著書多数。1991 年より日本大学生産工学部教授。

おもな作品に、もうびいでぃっく（1966）、秋田相互銀行盛岡支店（1970）、ブルーボックスハウス（1971）、高幡鹿島台ガーデン 54（1984）、出石町立出石中学校（1999）など。松川ボックス（1971）で日本建築学会賞作品賞（1979）受賞。

宮脇檀にはじめて出会って言葉を交してから、ちょうど十年になる。『新建築』の「月評」欄を、私と宮脇、それに黒沢隆（少しおくれて山下和正の四人）ではじめたのが一九七一年の一月号からである。その時に、ちょうど前年、例の盛岡に黄色いケーキ箱のような銀行の支店を完成したばかりであったはずの、その宮脇が、私の頭に第一印象としてどんな痕跡を残しただろうかと、いまあらためて頭の中を探ってみても、それらしい記憶のかたまりを取り出してくることができない。この「月評」と名づけられた『新建築』誌の巻末に収められた数頁分の連載記事は、当時の馬場璋造編集長の発案で始まった企画であり、内容は、前月号の建築雑誌各誌に掲載された建築作品について、歯に衣着せぬ批評や感想を、前記の四人の評者が署名入りで書くという内容であった。しかし当時の建築ジャーナリズムには、特別に話題を呼ぶような建築には、評論家や建築家による、いわば正面切った批評文が掲載されることはあったけれど、「月評」が目指していたような、寸評的な、いわば切り捨て御免といった記事にはほとんど前例がなく、これが始まると建築界に評判を呼んでいろいろと話題にされると同時に、そうしたことにあまり慣れていなかった、批評された建築家の側からの風あたりは予想外に強く、抗議の投書などもあって、批評者たちは毎号かなり緊張を強いられたものであった。毎月、入稿締切直前になると、四人が新建築社の小さな部屋に呼び集められ、各自原稿用紙に向かって、四百字四、五枚の原稿を書き、終わった者から帰るのだが、当の宮脇はと言えば、自分の文章を早めに書き上げて、「じゃ、お先に」とか私たちに声をかけて、さっさとしゃれた欧州車を運転して帰って行った。いつも私と山下が居残って、最後は山下のワーゲンで新宿まで送ってもらったものだった。だから、山下和正が「日建をやめてからもう何年もエレベーターのある建物の設計をやったことがないよ」と、あまり深刻そうでもなしに髭《くちひげ》と鬚《あごひげ》の間に隠れたような可愛い小さな口を動かし嘆いたことなどを妙によく覚えている割には、その頃の宮脇の印象はなぜか鮮明ではない。とにかくいつでも彼は忙しげであった。それと同時に、建築についてのもの書き商売をはじめたばかりであった私などが足元にもおよばないほど、建築界のことを彼がよく知っており、それらの建築家にまつわるエピソードを面白おかしく話して聞かせて私たちを笑わせた。そういえばその頃私は、宮脇という人は、建築家ではなく、建築ジャーナリストとか批評家を目指していたら、きっとたいした人になったに違いない、と半ば本気に思ったことを覚えている。彼が学生の頃からずいぶん熱心に建築雑誌を読み、そこに載せられた先輩の諸作品やその時々の論説を克明に勉強し、それらの事柄がきちんと整理されて彼の頭にしまってあることが、言葉の端々に感じられた。中年の門口に立った「建築青年」宮脇の頭の中には、すでに布陣は完了していたようだ。だから「月評」の中での彼の言葉は切れ味もよく、また自信に満ちており、「歯に衣着せぬ、いいたい放題的な印象が一部若い世代では好評であった」と彼自身、後に回顧するくらいの評判はたしかにあったのだ。それと同時に「特にズバズバと斬られた方々のお怒りは大変なものであったと推察する。個人的にいえば清家清さん、沖種郎さん、ウルテック、篠原一男氏、高瀬隼彦氏、石井和紘氏からは具体的に怒られ、反論され、憎まれもした。当然のことといえば当然である[1]」。

文章の末尾に（建築評論家）と肩書きのつく私などは、日頃の不勉強のせいもあって、正面切って書けないところをズケズケと云ってのける宮脇の文章の歯切れの良さに、もしこの人がもの書きになったら、とひそかに私は脅威を感じていたのかもしれない。

しかし宮脇が一見いいたい放題に、しかし決して野放図にではなくて、それなりの読みと計算の上で、軽いけれどもきつい言葉で切りつけても、その結果として軽蔑されることはあったかもしれないが、彼が自分でいうほどには他人《ひと》に憎まれた様子はなかった。それは彼に向けてよくいわれる「少し偽悪趣味をもつ好人物」という人柄のおかげであったかもしれないし、あるいはまた彼が評論家ではなくて設計者であり、その彼が設計する建築そのものが、自分にとってあまり脅威に感じるほどのものではない、と多くの建築家たちが思っていたせいかもしれない。たしかに私自身、彼の処女作で私の大好きな「もうびぃでぃっく」(1966)は別にして、彼の名を一躍世に知らしめた盛岡の銀行支店をその地で実際にみても、その他の住宅作品を雑誌上で目にしても、こわさとか脅威といったものはまったく感じなかった。丹下健三は別格と

もうびぃでぃっく(1966)

しても、磯崎新にしろ原広司にしろ、彼らが胸にかかえながらジャーナリズムの表面に運び込む一連の作品には何らかのこわさがあり、それが反面魅力でもあったが、宮脇の仕事にはそうした虚仮《こけ》威《おどし》はなかったし、案外柔和でやさしい印象は今も昔も変わらない。多分、このような把握は私ひとりではなくて、かなり多くの建築家たちの率直な感想ではなかったかと思う。ただ私の当時の友人知人のなかでの唯一の例外は渡辺武信で、たしか彼はそのころ宮脇にまったく面識がなかったにもかかわらず、「宮脇さんの仕事を非難する者がいたら、ぼくは絶対宮脇さんを擁護する」と、酒を飲んだりした時に本気で「宮脇ファン」を宣言して私を驚かせた。

　早いもので、あれからもう十年が経ち、一九七〇年代は終わってしまった。宮脇と私が少し親しくなった頃から私は彼に、もういいかげんにプライマリーはやめなさいよ、ともいい、あるいはまた、くだらん原稿を書きちらして、年間の原稿料・講演収入がハセガワギョウより多い！などといって自慢たらたら吹聴したりするのもやめなさいよ、とも助言したけれど、彼は、みんなにそういわれているけれどどっちもやめられん、と笑って取りあわなかった。とにかく宮脇は今日までこの両道を立派にやってのけてきた。かつての建築青年もいまや中年まっさかり、依然表向きには〝軽薄〟を売物にしながらも不思議に仕事や言説や容姿に、このところ何かしら風格らしきものが備わってきたように感じられるのは嬉しい。

　私自身がこの十数年間、建築について抱いている興味は、建築の形や空間のなかで、どれだけ幾何学の支配からの自由を設計者が表現することができるか、ということに尽きているような気がする。もちろん、いわれるまでもなく建築が幾何学を離れて造られ得るわけはない。ただそれからの自由をそれなりに建築に表現することは不可能ではないし、建築には大昔から様々な形でその試みがくりかえし行われてきたように思う。だから私が宮脇の初期の代表作、山中湖畔に建つ石津謙介別邸「もうびぃでぃっく」の写真を見た時の新鮮な驚きたるや小さなものではなかった。その頃特に表現主義の建築に興味をもっていた私は、これはいいぞ、と内心手を打って喜んだものである。ところがどういうわけかその数年後に同じ設計者が、ル・コルビュジエに原点をもつ「プライマリー・アーキテクチュア論」を掲げ、それを実証するかのように真四角な「秋田相互銀行盛岡支店」(1970)を完成させて、ジャーナリズムの表面に登場してきた。「多くの現代建築は無意識にプライマリーな形を選んでいる」とする宮脇は、「このプライマリーの建築はより強力な表現を試みなくてはならない」と強調した。「何よりもまず形を意識させなくて

秋田相互銀行盛岡支店（1970）

はならない。立方体であろうと、球であろうと、円筒であろうと、それらは色彩や材質や細部を越えてまず形である。形を意識させることによってそれはまず環境を支配する。プライマリーであることによって建築のオブジェ性は高まり、片や人間との関係において自己主張性を獲得する。プライマリーであることによって日常的なスケール感覚を破り、サインとしての価値を高める。(2)」

プライマリーな形態、つまりは幾何学上のもっとも初原的な形態に建築の外形をまとめ上げることの今日的な意義を強調する宮脇——ちょうどその頃に私ははじめて彼に直接会ったわけだが——に、正直私は戸惑わずにはいられなかった。今頃また何で一九二〇年代のル・コルビュジエの初原形態賛美(それはまさしく幾何学礼讃と同義であった)の亡霊を引っぱり出してきたのだろう、というのが私の素朴な疑問でもあった。しかし実際に会って話を聞くと、理論の単純さに比例して大向う受けのしやすい説を掲げたように思えた宮脇の口からは、それとはおよそ正反対に、あたかもやりて・・・ばばあか何かのように、特にディテールに口うるさく、建築の観念的な、あるいは概念的な処理を見つけた時にはひときわ手厳しく批判する、堅実で地道な設計者であることがよくわかった。彼はその頃いつでも自分の背中に、いわば〝本尊〟のように芸大時代の師吉村順三を背負っていたし、しばらく後にはそれに加えて〝脇士〟のような存在に西澤文隆をすえていた。篠原一男の住宅をつかまえて、寝まき姿で家の中を歩きまわれないと批判したことが、篠原を激怒させた、というような宮脇を大いに喜ばせた逸話なども、彼のそうした経験主義への傾斜のなかで起こったことに違いなかった。初原形態への指向と、細部への溺愛——この建築のアウトラインへの淡泊さとディテールの微細化というふたつのベクトルは、それはある意味で戦前の「様式主義」の建築家たちの設計手法に若干類似していなくもないように私は考える。戦前の建築家の多くは、ルネッサンス式というアウトラインを決めたとすれば、その全体の輪郭をあまりいじることはせずに、そのかわりに装飾的な細部の独創的なみがき上げに力を注いだと伝えられている。もうだいぶ前になるが、私は宮脇に直接、なぜプライマリーなのか？とあらためて聞いたことがある。――オレはすぐに手が動いてしまう。そうした細かな手の動きを封じるために、腕から先を切り落したようにして建築を設計したい。プライマリーを選んだ気持の奥にはそんな理由もある――この説明だけでもちろん私は満足したわけではなかったが、ある部分では彼の気持ちが非常によくわかる気もした。というのもその頃私は彼が建築家へと至るその育ちについて、ある程度彼自身の口から聞いて知っていたからである。

「私は昭和十一年に生まれました。父親は名古屋の工芸学校で三十年教師をしていた画家。母親はごく普通の主婦で、家は戦前戦中の日本人すべてがそうであったように、朝も夜も家族全員で食事をする典型的な良き家庭でした。設計にあたっての家のイメージは、このあたりから影響を受けています。子供の頃から絵を画くのが当り前の生活の中にいましたし、多少自閉症的な性質でしたからすぐひとりで考えこみ、考えが生まれると同時に手を動かして絵にしてしまう習慣が今でも抜けていません。一種の欠陥でもありますし、他人には真似出来ない部分だと誇ってもいます。(3)」

「戦前戦中の日本人すべてが……朝も夜も家族全員で食事」をしていたかどうかは疑問だが（宮脇より一歳下の私の家は商売をやっていたので父母と一緒に食卓を囲むことなどめったになかった）、しかし宮脇家の仲のよい家族生活はこの記述から目に浮かぶように思い描くことができる。父親が図案の教師であるとともに春陽会の審査員をつとめたほどの腕前の画家であり、時に能面を彫り、蒔絵をよくこなし、小学生の檀に週一回のヌードデッサンをつき合わせて、見よう見真似で手の動かし方と目の使い方を覚えさせたという。母親の綾子は戦後端切れを利用してアプリケをはじめて、今ではその世界で広く名を知られている女性である。そうした視覚的で、同時にだれもが手を動かすことに喜びを感じているような家庭に育った宮脇檀が、「多少自閉症的な性質」のなかで、指先を他人の真似できないような滑らかさで動かすことができるような青年に成長したとしても、何の不思議もなかったわけである。彼自身書いているようにその手の動きすぎること（それと同時に彼の場合は口も動くのだが）が、「他人に真似できない部分」であると同時に、本人に「一種の欠陥」として認識された時に、腕から先を切り捨てる、というような心根において、プライマリーな建築のアウトラインへと到達した、というわけである。

ごく最近、私はデザイナーの増田正に会った。宮脇の経歴書の一九六〇年の欄には、「増田正デザイン研究所嘱託」と書いてあるが、これ以前にも高校を終えて五四年に東京へ出てきて以来、増田さんには彼はずいぶん世話になったものらしい。かつて増田さん夫妻が名古屋にいた頃（たしか増田さんが宮脇のお父さんの教え子とか聞いている）、宮脇家のすぐそばに家があって互いに親しく往き来していたが、その当時少年だった宮脇が、ある時彼の家にたくさん植えてあったケシの花を親の使いで届けにきたりしたもんですよ——と増田さんは楽しそうに話してくださった。大変なはずかしがりやさんで、話もあまりしない子供だったけど、とっても可愛いくて、ほんとに「紅顔の美少年」そのものでしたわ、と増田夫人が横から言葉を添えた。かつての「紅顔」はいまや他人から見ると「厚顔」にかわり、「多少自閉症的な性質」は「露悪趣味」（これは増田さんの言葉）に変わった。けれども、両親に大切に育まれ、ほとんど目が届きすぎるほどのやさしい眼差しのもとで成長したひとりの可愛い少年の遠いイメージは、やはり今の宮脇のどこかにも残像としてつきまとっている。私はふとこう思った。宮脇が「プライマリー」と呼んでいるものは、少年時代の彼がもっていた「紅顔」と「ケシの花」の転化したものではないかと。宮脇がプライマリーな形態を与えた建築には、ボックス特有の無愛想な表情の他に、ある種の愛敬と可憐さがあり、それとともにそんなはにかみの表情にもかかわらずその背後では、決して他人に自分の内面をうかがわせない、というような頑な決意が見えるような気がする。愛敬に満ちているようにも見せながら、同時に頑固でしたたかでもある。しかし結局のところは「いい子だ」という結論なのだ。

　正直なところ、私にはプライマリーとか、それとほぼ似たような意味で彼が使っている「ボックス」といった、幾何学的な殻《から》がもつ建築的な意味を最後のところで、どうしても納得し切れていないのだ。宮脇がそれにこだわるほんとうの理由がわかりそうでまだわからない。

　彼の建築は、彼自身いろいろなところで繰り返し説明しているように、基本的にふたつの方向からの建築の把握のなかで浮び上がってくる。ひとつは外から、見られるものとしての建築への視点であり、もうひとつは内から、いわば使われるものとしての建物の理解である。近代主義の洗礼を受けたことのある一般的な建築家が、設計者として味わう苦労とか努力の大部分は、建築におけるこの〝対他〟と〝対自〟をいかに無理なく一致させ統一させることができるか、という点にあったはずであり、おそらく〈機能主義〉と呼ばれた建築の夢のひとつもそこらにむすばれていたはずであった。ところが宮脇は初原形態やボックスを殻としていきなり建築にもち込むことによって、ある意味ですでに〝絶対的〟理想とさえなっていたこの〈内〉と〈外〉、〝対他〟と〝対自〟の一致という理想をはっきりと切断し、〈内〉は内、〈外〉は外という二極の構成に分離し、別々に処理しようとしているように見えるのである。その結果、この二極の構成をフィジカルにつなぐ方策として出てきたのが、いうまでもなく彼の名付けるところの「混構造」なる手法であり、これによって〈外〉に向かってプライマリーな形態で構成される（主に）ＲＣ造の軀体を持つボックスと、〈内〉の機能にそわせた木造を主体とした内部構造（柱梁の骨組みや様々な造作）の混在が理由づけられることになったのだ。当然のことながら、こうした構造の混在は、コストの上昇に当然結果することになるけれども、宮脇は施主には、長期的に判断をすれば結局お得です、と説明してほとんど了承を得ているといっている。

この〈内〉と〈外〉の分離と切断は、宮脇の建築の核心にふれる重要な鍵であることは誰でも考えるところだが、しかし、考えてみればこうした手法は彼がプライマリー論や混構造論を仰々しくふりまわすずっと以前から、インテリア・デザインとか店舗設計の分野で当り前のこととしてやってきたことである。宮脇も自分の考えの出発点に、かつて若い頃にインテリアやショップ・デザインを数多く手がけ、その後で建築設計の仕事をやるようになったその経歴が関係している、と率直に認めている。ただこの日常化した事実を、それまでのように、日陰の、ほんとうはやってはならないことだ、といった主にモダニズムの側から発せられた陰湿な攻撃に怯えているのではなく、あえて考え方を逆転して、それでいいんだ、それでいこう、と公言して、そのためのいちおうの理論

松川ボックス（1971）

化を誰よりも早く試みた宮脇の名前は、歴史の真中か隅かは別にして、はっきり書きとめられるべき業績にはなるだろうと私は考える。

宮脇が、外殻としてのボックスと内部造作を構造的にも意匠的にも切りはなしたほうが、特に内部の使い勝手の変化を追うという点で有効である、と語る時には私はそこに相当の説得力を感じている。ただ、それがマンションのインテリア・デザインのような場合ではなくて、同じ設計者がその外殻的な構造や空間をも同時に決定できる戸建住宅などの場合にも同じようにその手法の妥当性がいえるかどうかといえば、どうだろう、と首のひとつもひねりたくなってくる。ところがそれについて彼は、ひとつの建築（住宅にせよその他の建物にせよ）は、その建物の所有者のものであるだけではなく、社会のものであるという「二極的な」事実に対応しているのだと反論してそうした疑問に答えている。つまりプライマリーな形をもつ外殻としてのボックスは「社会」とか「都市」の空間に関わるものであり、それに参加するものとしての必然的な顔をもっており、他方でその内部の構造はプライベートな、あるいは家族的なスケールの所有物として自由な処理を可能にする。〈内〉と〈外〉が、建築的に同じ論理で処理されるべきだ、とあくまでも前提するところに少なからず無理が生ずるのであり、その結果が今の日本の都市の混乱の原因につながっている……というのが彼の主張である。(4)

たとえば一軒の住宅で考えた場合、宮脇の論理にしたがえば、建物の外殻は本来のシェルターとしての機能を残す以外は、社会なり都市なりランドスケープに提供すべきものとして、私的な所有を離れるべきだと宣告されたことになる。いわば建築家の意匠力を借りて、お国のために（とは宮脇もいわないだろうが)、社会のために建築形態は〝供出〟させられるのである。供出《キョーシツ》——私たちの子供の頃によくその言葉を聞かされたが——という言葉が、宮脇の考えの背後にしのびよっている、と書くと彼はきっと笑い出すだろうが、実際その言葉の響きと同じようなウサンクササが、彼のボックスやそのための思惟のなかにちらついていることを、彼は自分で意識しているだろうか。たしかに住宅に限らず建築の外部形態がもつ効果の大部分が、都市や社会との関わりの中で発揮されることは間違いない。しかしだからといって、その〝顔〟に関わる部分がなぜ、内部の構造や空間や平面と分断され、その上生硬なプライマリーな形態でなければならないのだろうか。内外を統一的に処理することもできるはずだし、事実それに成功した建築家の例も少なくないことは、勉強家である宮脇はおそらく誰よりもよく知っているはずだ。結局彼が混構造と称する二重構造にこだわるのは、彼がプライマリーにしがみつく結果にすぎないのではないだろうか。ではなぜプライマリーな形態こそが、彼のいう都市への寄与を可能にする形となるのだろうか。

「……都市の立場からいうと、〝都市は整然としている方が美しい〟、これは絶対的な論理なんですね。国土計画、地方計画、というように、順番に上からスケールをおさえてきてピシッと決めて行くのが正しいというわけです。一方、住み手である私の身になると、あるいはひとりの設計者になってみると、家というのは一軒一軒違うべきである、と平気な顔をしていうわけです[5]。」

　おそらく宮脇としては、〝都市は整然としているほうが美しい〟という認識に対して、そのいつか整然とするであろうという期待を込めて、建築の外殻はプライマリーであるべきだ、という考えに至ったに違いない。あるいは、初原的な幾何形態のもつ強い視覚的印象を与えながらも、どこ

船橋ボックス（1975）

か中性的で中立的、また自律的な性格が、パブリックな力のベクトルとプライベートなそれとの間の〝緩衝材〟にふさわしいものであると彼が判断したからそれを採用したのかもしれない。しかし、現実に街の中に建っている宮脇の建築の外形は、決して現在の社会や都市に対して〝明るい〟顔を見せて建ってはいないことも事実なのだ。それは孤立しながら周囲に対して時に拒絶的にさえ見え、結果的に〝暗く〟自閉症的に思えるような壁面を私たちに見せていることも少なくない。幼稚な喩えでいえば、先発隊として地球上に降りたUFOが、近い将来やってくる地球侵略の総司令部の到着を待って、原初形態に背をこごめて静止しているかのようにみえなくもない。宮脇はかならずし

高畠ボックス（1977）

も「総司令部」の到来を待ち受けているわけではないだろうが、そうした事態が生じた時には、ただちにすみやかに、何の支障もなく全体的な指令の中に組み込まれ得る素直さをその幾何学的な形態は隠しもっている。それがプライマリーの形態の社会民主主義政府的中立性の運命といえるかもしれないが、このことがさっきも書いたように、私に彼のプライマリーに何かしらウサンクサイものを感じさせる理由につながっているのである。

とはいえこの初原形態の建築的相貌は、宮脇少年の紅顔に劣らずに、いい子の顔、つまりすっきりとしたまとまった容貌をもって私たちを出迎える。いい子が、親の意向にあえて逆らう様子もみせずに微笑しながら、また決して自分の内心をうかがわせたりはしないように、彼の建築の外殻もまたつかみどころのないようなスマートなマスクに包まれて立つのである。その相貌は良きにつけ悪しきにつけ、彼の建築の内容を性格づけている。一方、内部《インテリア》についてはどうであろうか。これはたしかに設計者自身が広言してはばからないし、また彼の同業の設計者たちがある種の羨望と嫉妬を感じながらも素直に感嘆するような、パズルの正解を思わせる過不足のない平面の組み立てと、吹抜けとトップライトやハイサイドライトでたくみに陰影をつけることでボリュームの味付けがされた空間が、その中で住み、働く人たちを柔らかく包み込み、配慮は細かな部分に至るまで行きとどいていて、まさにぬかりがない。だから不十分で不完全な現在の都市環境にあえて背をむけて、殻をかぶるようにしてボックスの中に閉じこもった家族たちは、荒海の中で〝同じ船に乗り組んだ快楽〟を共有して幸せな気分に満たされるのである。宮脇は特に住宅の設計について、この〝共に乗り組む〟気分の表出を、建築的に説明して「可能な限りワンルームにしたい」と説明していた。

私も宮脇という建築家は、人並みすぐれてデザインの達者な人だと思う。それと同時に設計者自身が家の中にいることの快楽を知っていることからくる室内のなんともいえぬやわらかさと居心地のよさがある。安藤忠雄のボックスなどとは違っておそらく居住者にとっては、内部は非常に魅力のある空間であるに違いない。ただ、かなりの数の建築家から似たような印象批評的な感想を聞いたのだが、――宮脇さんのつくった家を実際に見せてもらうと、彼が原稿で書いたり、しゃべったりする時にこちらが感じるほど、室内の空間やディテールにピリッとひきしまった感じを受けない、反対にどことなくあまく、切れ味の鈍い印象が残る――という事実の指摘を彼はどう答えるだろうか。おそらく彼は、きまりにきまったような建築を自分は造りたくない、というかもしれない。しかし現実にこのような印象の残る原因について、彼の建築設計の仕事量があまりにも多く、しかもそれ以外の方面での、彼の多彩な活躍のせいで、ひとつひとつの作品に細かく目を通すことができなくなってきた結果だと推測している人も多く、そうした推測のあるところにはかならず、――だからこそ宮脇はもっと仕事を整理して、ひとつひとつの設計に打ち込むべきだ――という、おそらく彼が耳にタコができそうなほど聞いた忠告が続くのである。私自身もこの意外な〝甘さ〟に驚いたひとりだが、原因は彼の多忙さだけではなく、もっと他にもあるように思う。くりかえしになるが私が推測するに、その〝甘さ〟の発生源は、先にふれた〈内〉と〈外〉の緩衝材としての〝箱〟の存在にあるのではないかと考えずにはいられない。特に「混構造」の場合には、RCの外殻はあきらかにシェルターとして居住空間を被覆し、内部空間を外界の変化から防御的に遮断しつつ護っているのだが、建築の部分としての壁や天井はそのことを表現することを禁じられてしまっている。

事実はやはり「船板一枚下は地獄」でありながら、プライマリーの壁体は、その事実を「船板」を通して室内に伝達する機会を内側の構造と仕上げのために大部分取り上げられて隠されてしまっている。そのことについて宮脇は先刻承知のはずで、たとえば、「高畠ボックス」(1977)の工事現場の印象を綴った短文の中で「二階建てのRC箱が打ち上がり、サポートと仮枠が取り外された時は感動的な空間であった。鈴木恂の住宅の感じで、もうこの中に木なんか立てたくないですね、と担当の吉松がこぼした」と書いているが、おそらくその時に設計者たちの息を飲ませた内壁の実在感は、でき上がった後の室内を後に見学した私にはほとんどどこにも見出すことはできなかった。

私は一九七一年に書き、後に『神殿か獄舎か』[6]に収めた文章のなかで、これからしばらくの間私が建築を判断する目盛りとして三つの〈D〉、つまりディフェンス、ディメンションズ、ディテールをもとに考えたいと述べたことがあるが、宮脇の建築をその私のものさしにあてて考えると、惜しむらくは、ディフェンスの感覚が欠けているとまではいわないが、弱いのが残念な気がする。ボックスをはじめとする初原的形態は、内から考えた時にはディフェンスの形象でもありながら、なぜか宮脇はそのことをあえて消し去って中性化しようとしているようにみえる。プライマリー・アーキテクチュアと呼ばれるものが、今日の日本の社会にもっている建築的手段の有効さを私も認めないわけではない。ただプライマリーは宮脇でなくてもできそうな気がする。だから宮脇檀はそろそろそうした隠れ蓑をいいかげんに脱ぎ捨てて、吉村順三なら吉村順三の跡目をしっかり継ぐ決心をしたらどうなんだ、と思わずいいたくなってしまうのだ。それができるだけの才能と才覚をたっぷり自分の内に備えているくせに、と私がたまに彼に会った時に悪女の深情け風に口説いても、しかしいまだいっこうに、彼はそれを聞き入れそうな気配を見せないのである。
勝手になさい、だよ宮脇さん。

（一九八〇年記）

〔註〕

1 宮脇檀、「月評のスタートと意義」新建築一九七八年十一月臨時増刊『日本の現代建築』所収
2 『建築文化』一九七〇年八月号
3 「私に設計を依頼される方に」『Stainless and Architecture』一九七五年三月号、傍点引用者
4 「混構造論」『都市住宅』住宅第五集他参照
5 「混構造住宅」『ヤマハ建築セミナー通信』一九八〇年一月
6 『神殿か獄舎か』相模書房 一九七三年（SD選書で再版 二〇〇七年十二月）

肉体の健康と内面の飢えの奥深さ

論考——内井昭蔵

うちい・しょうぞう　1933 ～ 2002

東京都生まれ。1958 年、早稲田大学大学院修士課程修了、菊竹清訓建築設計事務所入所。1967 年独立。桜台コートビレジ（1970）で集合住宅としては初の日本建築学会賞作品賞を受賞（1971）。1980 年代より提唱し、建築界に論議を巻き起こした「健康な建築」論は、世田谷美術館（1985）に結実。マスターアーキテクト制の導入者として多摩ニュータウンや滋賀県立大学で実践。京都大学教授、滋賀県立大学教授を歴任。

おもな作品に、身延山久遠寺宝蔵（1976）、東京 YMCA 野辺山高原センター（1976）、ネサーンスハウス（父設計の自邸の改修、1988）、吹上新御所（1993）、国際日本文化研究センター（1994）など。

函館の町と港を見下ろす御殿山の中腹に、白い外壁をもつややずんぐりした印象のある教会堂が立っている。テレビの連続ドラマなどで、繰り返しその姿を表わしたせいか、ちかごろでは函館の観光名所のひとつとしてすっかり定着してしまった感じだ。十年ほど前までは建物の内部も見学できたし、訪れる人もあまり多くはなくて静かだったのに、今では門は固く閉ざされて、敷地の内側に部外者は足を踏み入れることができない。それほど〝有名〟になってしまったわけだ。

どこかでロシアの建築を思いうかべさせる独特のスカイラインと、ディテールの装飾的なあつかいに特徴を持つこの教会堂は、正式には「函館ハリストス正教会復活聖堂」と呼ばれる建物である。日本の近代建築の歴史に興味を持ちはじめて、各地の建物を見て歩いていた頃に、私はこの建物にはじめて出会った。スケールといい、手法の素朴さといい、どこか愛すべきものがある建物として印象に残った。一九一六（大正五）年竣工、設計者は河村伊蔵と、資料には記されてあった。しかしその河村なる人物が、どのような経歴をもつ人なのかその時には私は何も知らなかった。ある時、内井昭蔵の口から、「函館の教会はうちのじいさんの仕事ですよ」と聞かされた時には、文字通り仰天した。その時はじめて、まったく思いがけない方向から、

函館ハリストス正教会復活聖堂（1916）

それまで私の頭の中に宙吊りになったままであった河村伊蔵なる人物の名前が、具体的な〝肉〟をおびて、像を結びはじめた。それと同時に、私とほぼ同じ時代を生きている建築家内井昭蔵の仕事を理解するための重要な手掛かりを、設計者自身から与えられた気もその時にしたのだ。

後で聞けば、内井昭蔵の「蔵」は、河村伊蔵の名前から一字取って彼の父がつけた名前であったという。河村伊蔵は愛知県知多半島の内海村に一八六五（慶応元）年に生まれ、一八八三（明治十六）年に洗礼を受け、一九三九（昭和十四）年に東京で亡くなっている。河村は日本正教会（今の日本ハリストス正教会）の司祭であり、幕末に日本へきてロシア正教の布教につとめた大主教ニコライに仕えた。ニコライとはいうまでもなく、あの駿河台の「ニコライ堂」のニコライ（イオアン・カサトキン）である。河村は、ニコライが文久元年に函館にきて、そこの総領事館付司祭として日本で最初に建てた教会堂のあったその敷地に前記の新しい聖堂を建設した時の営繕責任者であった。内井によれば、横浜や大阪の正教会の聖堂もまた彼の祖父河村の手になる建築であったという(1)。河村が建築家としての専門教育を受けた形跡はない。補祭さらには司祭としての職務の一環としての仕事、つまりかつての時代にはよくあったような、施主が同時に設計の主要な部分の統括者であるような状態でのデザインへの関与であったに違いない。

しかし河村のいわばアマチュアとしての建築についてのなみなみならぬ関心は、やがて彼の妻栄《えい》との間の子の一人を建築家としての正式な教育を受けさせることにおいて結実したといえるだろう。河村の次男、内井進（一九〇一年―六四年）は一九一九（大正八）年工手学校を卒業、矢部又吉の建築事務所で働き、矢部の死の時までそこで設計者として仕事をした。矢部又吉はベルリンのシャルロッテン工科大学で学び、帰国後一九一一（明治四四）年に独立、大正から昭和のはじめにかけて大活躍した建築家のひとりだが、今ではなぜか忘れられた建築家になっている。特に大正期における住宅をはじめとする一連の建築は、当時の建築の意匠的な側面でのドイツ系のモダニズムの最先端を行くものであったと私は考える。内井昭蔵の回想によれば、彼の父である内井進は、矢部又吉の事務所に二十数年勤め、いわば〝影武者〟――住宅などのデザイン上の実質的な実行者――といった存在であったようだ。内井昭蔵は、この内井進とその妻志げとの間の三人兄弟の長男として、一九三三（昭和八）年神田の辻病院で生まれた。彼は父が昭和のはじめに新築した世田谷奥沢の家で育ち、そしてその同じ家に現在も、テキスタイルデザインを中心に活躍する妻乃生《のぶ》とふたりの子供たちとともに住んでいる。

　内井の身体のまわりには、彼が建築家としての具体的な仕事をはじめるかなり以前から、建築をめぐる時間と空間が、濃縮されたかたちで取り巻いていたことがわかる。その事実が後の彼の仕事をさまざまなかたちで力づけ、また支配していることは、内井自身も認めているところである。

　内井が彼の祖父や父から受け継いだ〝遺産〟の最大のものは、彼がもっている特別の意匠上の能力――特に建築形態を非常に安定した、しかもよく洗練されたかたちでまとめることのできる能力にあった、と私は思う。彼の建築の外部形態はほとんど例外なくまとまりがいいし、多くは美しい。この種の外形に迫力を持たせる能力は、丹下健三や菊竹清訓の作品のなかにも同じように見出すことができるものでもあるが、しかし、この両者のどちらの仕事にも、都会的洗練、もしくはさりげなさといったものはなぜか感じられない。ある意味でそれは意欲的であり野性的であるけれども、悪くいえばどこか野卑なところがあるともいえないでもない。その意味で内井の意匠的な能力に歴史的に連続する先駆的な例としては、おそらく山口文象のそれがもっとも近いものではないか、とかねてから私は考えている。山口もまた東京の下町に育ち、代々宮大工の棟梁の家系に生まれた経歴を持っているが、そのことはいささか強引に「神田の生まれ」を強調する内井の心情に通じるものがあるともいえるし、何よりも建築の形態を、決まりに決まった状態にもち込まないと気がすまない、という東京育ちを自負する人たちに共通するように思えるある種の粋がり——逆にいえば「決まりが悪い」状態を極端に恐れる心理——が共通している。

内井のこのような建築形態のまとまりへの執着は、先にＡＩＡ（アメリカ建築家協会）の「レ

身延山久遠寺宝蔵（1976）

イノルズ賞」を受けた「身延山久遠寺宝蔵」（1976）において集約的に表現されているが（特にその建物が倉庫であるために彼の形態嗜好がより純粋に定着している）、同じような傾向は、千葉の「清澄寺祖師堂」（1972）などの宗教関係の建物のシルエットや、一連の彼の住宅作品、さらには規模も大きく機能的にも複雑化した建築、たとえば「桜台コートビレジ」（1969）や「東京ＹＭＣＡ野辺山高原センター」（1976）、「銀座対鶴館ビル」（1975）あるいは「新発田市民文化会館」（1980）にいたるまで変わらずに続いている。

清澄寺祖師堂（1972）

内井が建築の外部形態をあつかう時の巧みさは、ひとつは日本人の建築家に欠けているとしばしば指摘されている〈壁〉に対する感覚が、ある意味で例外的にしっかりと体内に定着していることと、もうひとつは、屋根の処理が非常に巧妙だという点に由来しているように私には思われる。なかでも重要なのは、ほとんど血肉化した彼の〈壁〉感覚である。内井の建築の場合、開口部は決して少ないほうではないといえるが、しかし壁体と開口部のどちらに重点が置かれているかといえば、あくまでも〈壁〉に主役が割りふられている点は終始一貫変わらない。壁の中に穴を開ける……、この単純な処理、世界中の大部分の建築家たちにとって、ごくあたりまえのことが、木造軸組の伝統の中に育った日本の建築家たちにとっては、いまだにそれほど容易なことではないように見える。

先にあげた丹下にせよ菊竹にせよ、あるいは初期の磯崎新にせよ、彼らの建築形態の迫力は基本的に〈壁〉がつくり出すものではなく、柱梁の〈骨〉組がもたらした効果を主体としている。この点内井はどこか〝日本人ばなれ〟したところがある、といってもいいすぎではないだろう。彼の建築においては開口部は十分に制御され、壁体が許容する範囲でその自由を認められている。たとえば、小さなことだが住宅などにおいても、日本の家に一般的な雨戸といったものをできるだけ避け、戸袋が壁体の簡潔性を混乱させないように配慮していることなどにも、そうした配慮をうかがうことができる。とにかく壁を大事に扱う点は徹底している。

「ぼくは戦争中、ニコライ堂司祭館の、あの厚い壁の煉瓦のふところのあるロシア式の住宅に住んでいて、そのときに受けた感じというのが、いまでも生きているんです。すごくどっしりとして落ちついていて、何ものにも壊されないような建物とか住宅とか、そういったものがぼくの好みになっているわけですね(2)」

注釈を付けるまでもなく、ここでは彼は彼自身の〈壁〉についての初原的な経験について語っているのだ。内井は彼の祖母（河村伊蔵の妻栄《えい》）が先の大戦中も離れようとしなかったニコライ堂の司祭館に住み、中学に通った頃のことについてこのように述べているのだが、それと同時に彼が育ち、今も住んでいる奥沢の家もまた、戦前の一部の郊外型住宅にみられた「壁の家」、つまり「文化住宅」とよばれた洋風住居であったことも、彼の〈壁〉への固執のひとつの遠因になっているとも考えられる。日本の近代住居史などが一般的に解説しているように、日本の住まいにおける固定した壁の定着と個室の実現は、居住者のプライバシーの確立に少なからぬ関わりをもっていたはずである。社会的な基盤としての個人の確立ということが、〈壁〉への意識のどこかに関連している。事実内井は、私に対して最近、自分の建築家としての仕事の核は、建築と〈個〉の関わりの可能性の追求がひとつの眼目であり、それと同時に、そうした〈個人〉が寄り集まって共同でひとつの建築や都市を使う時のありかたについても、あわせて強い関心を持っていることを熱心に話した。この話を彼が私にするひとつのきっかけとなったのは、彼が最近バージニアのモンティチェロを訪れた時に味わった感激の記憶が伏線としてあったらしい。いうまでもなくその地は、すぐれた建築家としても知られるアメリカ合衆国第三代大統領トーマス・ジェファーソンの故郷であり、彼の住まいや、彼が設立し、設計したバージニア大学などがあるところだが、内井はその〝万能人〃ジェファーソンの建築の仕事のなかに、前述のような意味での、建築の

桜台コートビレジ（1969）

本源的な姿を感取して、強い感銘を受けたと語っていた。もしかしたら内井は、ジェファーソンの仕事のうえに、彼の祖父河村伊蔵の仕事をオーバーラップさせながら見ていたのではないか、と私はその時ふと思ったが、あえてそのことは口に出して聞きはしなかった。

最近内井は繰り返し「健康な建築」の復活ということを求め、今日の工業化社会が生み出す「不健康」な大量の建築群を糾弾している[3]。その内容については後述するが、彼の建築の「健康さ」に対する、唐突とも思われる強い希求の根源には、彼のいう〈個〉の問題がどこかで関係しているのではないか、という気がしてならない。今日の社会が、ある時には「組織の時代」と呼ばれ、あるいはまた「システムの時代」とも呼ばれるようになってからすでに大分時間が経過している。内井自身の設計上の経歴のなかでいえば、ちょうど彼が菊竹清訓建築設計事務所で働いていた頃が、そうした思惟の最初の波に洗われた頃であったに違いない。

これはあくまでも私の推測にすぎないが、恐らく内井は菊竹事務所をやめて独立して仕事をはじめる過程において、組織とかシステムといったものに比較的前向きだった菊竹の姿勢に対して疑問を感じはじめていたのではなかったか。内井の最近の仕事振りや発言を注意深く観察していると、その背後に、組織とかシステムといったものに傾斜するなかで、日本の社会が（もちろん建築界も含めて）あらゆる創造的な活力の源泉としての〈個〉の成立を、流産させ続けてきたことへの深いいらだちが垣間見られるように思えて、私には非常に興味深い。

もちろん、こうした内井の思惟や制作に対する他方の側からの反発があることが予想される。その反論をひと言でいえば、内井の〈個〉や〈個〉の集団のイメージはあまりにも古典的すぎる、現代日本の社会の実情にそぐわない、という点に尽きるであろう。たしかに〈壁〉を大切にあつかうという手法や、「健康」を説く態度、ジェファーソンの理念……そういったもののどれを取り上げてみても、そのむこうに透視し得る〈個〉のイメージはある意味でひどく古典的である。恐らくそのことは内井自身も先刻承知のことであるに違いない。しかし、彼はあえてその〝古典性〟に固執してみせようとしている。そのことの意味については、私たちはもう少し慎重に考えてみなければならないだろう。

　確かに内井の設計する建築の多くには、設計者の思惟が古典的であるが故に——ことわっておくが、私は単純に彼が設計において「古典主義」的であるといっているのではない——どこか固くるしく、またなにかしら古風な感じがつきまとっている。特に彼の住宅の内部空間などをみると、その特徴はきわめて鮮明に表われている。空間自体が堅固で、しかもすがすがしい。しかし逆にいえばなんとなく生硬で、休息の時でさえ背筋をシャンと伸ばしていなければならないかのような、軽い強迫感のようなものも漂っている。彼の建築のインテリアには疲れたから少しだらしなくしていたいというような時には、どこにいたらいいだろうか、と考えさせてしまうようなところがある。いいかえれば、住宅の空間に対して設計者はいつでも目にみえないある種のテンションをかけ続けているともいえるのだ。そのような内井の手法は、住宅の平面計画の上からも十分に感じ取ることができる。彼のプランニングは、個々の部屋を束ねてタガをはめるようなかたちで、全体の輪郭がまとめ上げられている。個別の部屋はそれぞれの機能にしたがって、それ自身の空間を主張する。内井の場合はそれをただ並置するのではなくて、それを外側から（前述の〈壁〉によって）きつくしばりあげるのだ。この時に、彼の建築の外部形態のすばらしいまとまりが約束され、各部屋の膨張力と、建物の輪郭の収縮性とが拮抗しあって、独特の緊迫感、つまり空間的なテンションが創り出される。そして当然のことながら、この種のテンションのもとで部屋の機能的な個別性が部分的にくずれて、もっとも強くふたつの力が引き合う部分が、居間・食堂・厨房の空間になる。だからこのLDKの空間において、だらしない時間を楽しもうとする人には、その空間はいささかつらいものとなって肌に感じられてしまうのである。内井の住宅で面白いのはこのようなテンションの中で、畳の部屋（一般に「和室」と呼ばれている部分）が、定着する場所を見失なったかのように突き出し、あるいは〝漂流〟しはじめる点であろう。多くの場合内井は畳モデュールの空間をあつかいかねているように見える。しかし結果としては、それはそれでなかなか面白い効果を上げているのだけれども……。こう考えてくると、彼の住宅の居間にみられる壁にそってL型に配置された長椅子の空間もまた、単に最近の住宅のインテリアの一般的な傾向を応用しただけのものとは考え難いものになってくる。それらの壁に密着した椅子は、どこかしら修道院のなかのベンチといった風情を帯びて置かれている。いいかえれば、内井はあたかもそこに坐って、「厚い壁の向こうの風の音を静かに聞きなさい」とでもいおうとしているかのような雰囲気をその場所に漂わせているのである。壁を背にして坐る――壁を背負って室内にいる――ということは、内井にとって特別の意味を持つことである。もちろん、この壁が先に見た建築の外観において、見事にととのえられた〈壁〉の内側であることはいうまでもない。

新発田市民文化会館・公民館（1980）

内井昭蔵がアントニン・レーモンドの熱心な〝ファン〟であることを知る人はあまり多くはないだろう。私もごく最近そのことを彼に教えられた。内井が最近完成した新発田の「市民文化会館」(1980)(近年つくられた地方都市のホールとしては、出色のものだ)のすぐそばに、レーモンドが晩年につくった質素だが気持のいい小さな教会堂と付属の住宅がある。内井は文化会館の工事中、現場に疲れると、その教会にやってきて、人のいないお堂の中に一人坐って、杉丸太を荒々しく組み上げて露出させた教会堂の架構を眺めながら、「自分の仕事はレーモンドさんの仕事のレベルのどのあたりまで達しているだろうか、と考えまた反省して気分を新たにし、ふただび自分の現場へ帰ったものだ」と多少はにかみながら話してくれた。なによりも、レーモンドの建築のもつヒューマンなスケールがいい点と、露出した構造の力強さと正直さ、といったものが内井を魅了する要素であることが、彼の話から推察することができた。なかでもレーモンドの建築の構造的軀体の組み立てがもつ迫力が、内井の建築家としての内面を刺激している。「建築はやっぱり構造なんだよ」と彼はよく強調する。事実、彼の最近の仕事のなかには、構造的な軀体をそのまま建築空間の性格付けのために使おうとする、はっきりとした傾向を読み取ることができる。たとえば、「川島テキスタイルスクール」(1973)の工房棟の架構に使われた半円アーチ型のRC梁とか、「東京YMCA野辺山高原センター」のラウンジの空間を覆っているY型断面の片持梁の林立、さらには、同じ「東京YMCA野尻学荘」(1980)のメインホールの合掌風の小梁の連続など。明らかにこうした構造軀体の表現には、レーモンドのヴァナキュラリズムに呼応する架構体に共感の眼差しを向ける内井の美意識と同じものがそれぞれの設計において働いていることが理解される。

さらにもっとさかのぼれば、菊竹時代は別にしても、内井のデビュー作となった「桜台コートビレジ」にすでに同じような構造好みが表われている。恐らくあのコートビレジの柱脚《ピロティ》部分は、彼が長くアシスタントを勤めた菊竹清訓のデビュー作である「スカイハウス」の柱脚《ピロティ》への内井なりのオマージュであったに違いないと、私は想像している。だが建築における構造体が発揮する迫力への関心を、彼が菊竹によって（そして部分的には丹下によっても）増幅されたことが事実であったとしても、そのさらにルーツを探るとすれば、レーモンドに行き当たる、という内井自身による説明には納得できるものがある。そして、内井のこの種の構造的軀体への心理的な傾斜のなかにも、先に彼の〈壁〉好みとして私が書いた心理とほぼ同じ内容が含まれていることは、もはや改めて指摘する必要もないことであろう。ひとが自らの人格《パーソナリティ》を形成するために、自分のまわりに壁を立て、あえて自らを閉じ込めるのと同じように、壁の上に小屋を組み、天空との間を遮蔽して、内部空間を区切り取ろうとする。そうした企ての結果としての小屋組を常に視覚的に確認していたいという願望は、木造の小屋であろうと鉄骨やRC造の架構であろうと、近代の建築家たちの心のなかにいつでも宿っていた考えのひとつであった。その点では、たとえば菊竹清訓は内井が退所した後「萩市民館」において、クモの巣を思わせるような鉄骨トラスを露出して同じような試みをみせているが、ただ恐らく内井の目からすれば、萩の架構体には彼がもっとも重視しているように思える〝強さ〟の表現が足りない、と映ったに違いないと思う。内井は架構体に簡潔性と雄勁さといったものを常に要求している。それが菊竹清訓の建築においてはあまり期待できないものであるのに対して、レーモンドの建築にはいつでもはっきりと刻印されていて、たぶんそれが、彼を満足させるのである。

川島テキスタイルスクール工房棟（1973）

内井の建築観の核心をできるだけ明確に要約するとすれば、以上の観察からもある程度予想される通り、建築というもののいわば〈原理〉とでもいうべきものへの関心である。いいかえればシェルターとしての性格を、自分が設計しようとする建物の上から絶対に手離すまいとする意図によって構成されている。そのような建築のシェルターとしての原理性こそが、建築の中に立てこもった〈個〉や〈個〉の緊密な集まり（共同体）の成立と、そうした人間たちが繰り広げる〈生〉の可能性を建築的に啓示できるのだ、と彼は確信しているようにみえる。確かに彼の建築の内部にいる時にふと感じるもの、つまりその空間が誰でもない誰か――大衆とかマスといった言葉のなかに埋もれた状態における抽象的なひとやひとびと――のためにつくり出されたものではなくて、「きみのためのものなんだ」といった語りかけ、そしてひとやひとびとは、いつの日か具体的な主体としての人間や人間たちへと超越すべきだ、そして「この建築を通してそれを試みるのもきみなんだ」といった鼓舞が、それに伴ってもいる。それこそが敬虔なロシア正教徒であると自負する内井が、自分の建築の設計において目指していると思われる重要な部分であったに違いない。そのような彼の企てから、ひるがえって現在の日本の建築界のもののつくられようを改めて考えてみた時に、それがあまりにも自分の意図とかけ離れていて、むしろ彼の意図とは逆の方向に向かうようなかたちで建築が大量に生産されている事実に行き当たらざるを得ない。その時彼は思わず慨嘆の溜め息をもらしてしまうのである。

そのような状態を前にして彼は思わず「健康な建築を！」と叫んでしまったのだろう。正直なところ最初にその文章のタイトルを見た時に、私自身、内井さんはまた妙なことをいい出したもんだな、いわずもがなではないのかな、といった印象を持たずにはいられなかった。しかし、そこに書かれている内容を読んでみると至極もっともな意見であり、反論すべき点は私にはほとんどないように思えた。

「今日の建築に求められているのは〝健康さ〟なのである」とする内井は、なぜ現代建築が「健康さ」を失なったかを分析して、結局「建築が土地から、個人から、職人から離れてしまったところに健康を失なう問題が潜んでいるように思える」と結論付けた。この場合「土地」とは「建築が建てられる大地であって、具体的な地形、地質、植栽、気象など、土地の持つ自然的性格とその風土的条件」のことであるけれども、現代建築はこうした大地との関わりを失ない、建築が敷地や地域と無関係に建てられるようになってしまったことを嘆いている。もちろん、その最大の原因はプレファブ住宅などを出現させた「建築の工業化」にあったことはいうまでもないことだろう。「個人」とここでいわれているのは、主に施主の問題であり、建築の注文者が個人から組織に移り、つくられる建築にはっきりと「責任をもつ」〈個〉がいなくなってしまったことを指している。三番目の「職人」については、周知の通り、いまや「職人」が「技術者」となり、かつて建築を通して「人の心を動かし、感動させた」職人の「技能」が失われ、「今や技能は技術によって取って替られた」と述べられているような点を指している。[4]

最初の「健康建築論」を書いたその数ヵ月後、内井は筆を改めて続編を書き、今度は建築に「健康」を取り戻すための設計者の側の心掛けとして次の四項目を列挙した。「一、何ごとも拙速を慎しむこと。二、むだを省き質素であること。三、自然との脈絡を明らかにすること。四、ヒューマンスケールを追及すること。」これらの項目に共通しているのは、内井が建築に「時代を超越して生き続けるタフネスさ」を願い求める気持であったと書いている。工期の短縮や設計の合理化のためにのみ行われ、空間の質とは関係のない、「グリッドプランやユニット化や部品化」といった作業、あるいは経済性を念頭に現場でのクラフトマンシップを排除しようとする施工法上の傾向、建築のメンテナンスコストの上昇、自然環境への拒絶的な態度、巨大なものや反対に狭小なものに共通する画一化……といったことがすべて、内井のいう建築本来の「タフネスさ」を奪い、それを虚弱体質化させている原因であると、そこでは述べられている。

　すでに前にもふれておいたように、内井はこのような論説を立てることによって、建築の原理性——自然の中でそれに協調しながらシェルターをつくることを通して、文字通りギリギリのところで（つまり本質的な「質素さ」のなかで）、人間の世界をその空間に実現していこうとする考え——を、今日の建物の設計と建設の理念としても、事実としても回復したいという今となっては困難をきわめる希望を表明しているのだ。いいかえれば、彼の建築家としての〝夢〟は、現代建築が経済性や工業化を目指す技術の大波によって押し流してしまったように思える建築のプラグマティックな用具性といったものを、機能としても、表現としてもふたたび取り戻そうとするところにあったのである。その努力は古典的《クラシカル》というよりも古拙的《アルカイック》な色彩を帯びて私たちの心を揺り動かす。それはあたかも鈍重な肥満体をジョギングによってつくり変え、青年のように活動的な痩身をふたたび獲得しようとする努力にも似て、文字通り「健康な」提案であり、異論の余地はほとんどないようにも思える。

ただ今日のジョギング・ブームが、はからずも内包する矛盾を露呈しているのと同じような問題が、内井のこの建築の「健康」論にもつきまとっていることは一応考えておかなければならないだろう。いったいジョギングによって「健康な」体軀と体力を回復した人たちは、その力をどこに使えばいいのか、という問題である。現代の社会における労働は、それほどまでに強靭な肉体をかならずしも要求してはいない。とすればジョギングは結果として、ジョギングのためのジョギングとなり、回復された体力と健康はプラグマティックな活用の場を失って、せいぜい長生きをしたとい

蕗谷虹児記念館（1987）

う時間的な尺度によって計量されることで納得をするしかないといった、悲喜劇が起こることも十分に予想されるのだ。好むと好まざるにかかわらず、建築にもこれに似たような状況がないとは誰もいい切れないだろう。内井の考えるような「健康な」建築は、その〝シェイプ・アップ〟した体軀と空間によって、その建物を所有したり利用したりする人びとに何を語りかけ、何を鼓舞するのだろうか。私をつつむ垂直な壁や天空を切る雄勁《ゆうけい》な架構体は、そのシェルターの外側で吹き荒れているかもしれない嵐を感取させて、私を緊張させ私を励まし私を力づけるけれども、そのようにして昂揚した私の身体は、今度は一体何を目指して突進して行けばいいものだろうか。かつて建築が〈原理〉的につくられていた時代のように、人間を圧倒するほどに広大で奥行きの深い〈自然〉はすでに私たちの視野からは遠ざかっているし、またはっきりと私の目に映るような社会的苦難も少なくとも先進国においては顕在しなくなってきている。レーモンドにははっきり具体的に見えていたものが、いま内井や私たちの目には、なかなか見えにくくなってしまっているのだ。レーモンドが自分の建築の背景にふさわしいものとして幻視していた荒々しい原自然といったものが、今一体私たちのまわりのどこにあるというのだ。逆に自然は衰弱している。そして、社会的な苦難は潜在化している。明らかにそうした苦難は存在しながらも（地球上においていまも飢えている人びとの数を考えてみればいい）、その姿は巧妙に一般的な日本人の視野のなかから隠され、解消されている（だからこそ日本人の大部分が自分たちは「中産階級」だと思い込んだりできるのだ）。そうした状況の中で、「健康」な建築を追求することは、ジョギングのためのジョギングの場合と同じように、健康のための健康——建築原理のための建築——という、ある意味で不毛な円環軌道の中に迷い込むことと同じことになり、堂々巡りに終わらないという保証は残念ながらない。しかしそうはいっても、ジョギングをしないよりはやはりしたほうがいいと同じように、建築もまた「不健康」であるよりは「健康」であることが望ましいのはいうまでもないことだ。当たりまえのこととは思いながらも、人びとがやはり内井の説に耳を傾ける理由もここにある。

しかしながら、内井にとって彼の「健康建築論」が、単に健康のための健康建築の実現という、ある意味で自慰的とでもいえる実りのない結果を生み出したとしたら、彼としても不本意であるに違いない。おそらく彼は、そうした円環を切り裂こうとして自分の建築の設計を行っているはずだからだ。その作品は彼のねらいを十分に体現しているだろうか。私は今実際に見たことのあるいくつかの建築のインテリアを思いうかべながらその問題について考えている。というのも、私はかねがね内井の建築の内部空間のありかたに基本的には共感しながらも、最後のところでもうひとつ喰いたりないものを感じているからである。それらの内部において、私は取り囲む壁や、変化のある上部架構体といった要素によってつくり出された空間を体験する。構造体の迫力と空間の緊迫感を感じることができる（といっても、その空間は大谷幸夫の建築が私たちに体験させるようなマス・ヒューマンな恐ろしいようなスケールの強迫的空間とはまったく違う、親しさをもっている）。その意味ではレーモンドの建築の空間に近い。ただレーモンドの建築の成功した作品は、その中にいると、なんとなく元気がでてくるような気持になってくるのだが、内井の建築の内部空間の場合はその辺のさりげない力づけといった面で、やはりレーモンドの域にはまだ達してないような気がする。内井の建築空間がもうひとつ私を元気な気持にさせないのはなぜだろうか。壁や架構がものとして依然として、私のむこう側に立っていることが少なくないからではないだろうか。いいかえれば、建築が「身体化」しきれないで、私と建物の間に目に見えないすきまのようなものがまだ介在している、とでもいえばいいのだろうか。そうだとすれば内部空間がほんとうの意味では、活性化してこないだろう。建築だけが妙に「健康」的であって、その中の私はなぜかとり残された気分になる。確かに内井の建築は、現在つくられている他の多くの日本の建築家の作品に比べて「健康」な〝肉体〟を持っている。ただその「健康」がほんとうの意味で血肉化するような域にまで達していないような気がする。なぜかといえば設計者である内井自身が、自分の内面においてどこも病んでいない（ように見える）からである。

世間では俗に、病気になってはじめて健康のありがたさを思い知ったという。たしかに健康人は、健康を希求したりはしないのだ。したがって、内井が単なる社会批評家という立場ではなしに、ひとりのものづくりとして「健康」な建築を求めている以上は、彼自身がこの社会において何らかのかたちで病んでいる――人や人びとのなかに投げ出されている――という状況か、あるいは病におかされそうになっている、という危惧があり、その事実がそうした主張の原動力になっている、と考えるのが自然であろう。しかし、彼の建築にはそうしたせっぱつまったものが、あんがい建物の上に投影していない、という不満が私のなかに残って消えない。彼の多彩な建築手法は、そういった〈内なる病〉の克服といったことのために十分に有機的に組み上げられているとはまだいえない気がする。病は外にあるのではなく、内にあるという意識、自分自身の身体における何らかの欠落の意識、バランスの喪失の感覚などが内井の内面にあり、そういった状況を乗り越えるために、設計者自身が苦闘している過程が、建築空間として定着していることが人の目に見えた時に、内井のいうあの「スピリット」が空間に充満するであろう。その時にはじめて柔軟で、密度のある内部空間を持った本当の意味での「健康」な建築は実現する。

内井は最近ライトの建築をアメリカでまとめて見る機会をもって、その建築に深い感銘を受けたとも語っている。ライトの建築には確かにその種の内部空間が実現している。内井は「タフネスの建築を、私はライトの作品のなかに見出すことができた」と書いているし、「ライトの建築の持つ健康さ」を礼賛もしている。(5) 内井の感動はよく理解できるように思う。ただこのライトの建築の「健康さ」や「タフネス」さは、設計者ライト自身がどこまでも「健康」であったが故に生まれたものであったと考えるよりも、ライトが見事に病んでいた（いうまでもないが彼が病気であったというわけではない）からこそ、実現できたものであった、と理解すべきではないか。ライトの建築に特有のやさしさ（ヒューマンなスケール）と居心地のよさ（空間）は、彼の内面の病、いわば欠如の意識の中から湧出してきたものが、結実した結果であったに違いない。そうしたものを自らの内面に把握し、それを創造行為に投げかけることは、設計者のまさに想像力の領域に属することなのである。

内井はその種の想像力を持たない建築家では決してない、と私は確信する。ただそうした能力を、建築形態を見事に仕上げるほどには、まだ十分にみがき上げていないだけのことである。それができれば、彼が父祖から引き継いだ造型力と、彼の深い内面性から発する創造力が、ひとつの建築の上で共鳴しあって、すばらしい建築が自然に生まれ出てくるであろう。

村野藤吾によれば、建築家は五十歳になってはじめて、やっと自分なりの仕事ができるようになるという。内井はまもなくその年齢を迎えようとしている。しかも彼が村野の年齢に至るまでの間に、実に後四十年もあるのである。時間は十分にある。その四十年間を肉体的に生き切るには、ジョギングもまた必要であろう。しかしそれと同時に、その四十年間を建築家としてつくり続けるには、自分の内面を病むこと——欠如を意識しながら〝飢え〟続けること——が必要になってくることを、すでに内井は考えはじめているように私は思う。

（一九八一年記）

［註］

1 「わが軌跡を語る」『別冊新建築・内井昭蔵』新建築社　一九八一年四月　参照

2 註1に同じ

3 「健康な建築について」「再び〈健康な建築〉について」初出『新建築』一九八〇年九月号および一九八〇年十二月号

4 「健康な建築をめざして」より

5 前掲「再び〈健康な建築〉について」より

鉄筋コンクリートが〈建築〉になったそのとき

論考——高橋靗一

たかはし・ていいち　1924～

中国・青島生まれ。1949年、東京大学建築学科卒業、逓信省営繕部入省。1960年第一工房設立。1967年より大阪芸術大学教授を務めた。同校のキャンパス計画コンペに当選し、以後20年にわたってそれに携わる（現在、同名誉教授）。
おもな作品に、佐賀県立博物館（内田祥哉と協働、1970）、東京都立中央図書館（1972）、中部大学（1975～）、実践女子大学（1978～）、マガジンハウス（1983）、東京都立大学（1991）、東洋大学白山キャンパス（1992～2003）、群馬県館林美術館（2001）、日本国際博覧会瀬戸愛知県館（2005）など。日本建築学会作品賞（1970、1981）受賞。

打放しに打込む

「まあちょっとしたもんだと思うから、出来上がったら、ぜひ一度見にいらっしゃいよ」と、ほとんど会うたびごとに高橋靗一さんは私にいった。まだ工事の最中であった大阪芸術大学の図書館の話をする時の彼の口調には、いつもと違った感じがあり、その表情には、月並みな言葉になるけれども、一種の執念のようなものが感じられた。やがて工事が最終段階に入り、現場で具体的な輪郭を建物があらわしはじめただろうと思われた頃から、これはいける、という深い安堵が彼の体をゆっくり包みはじめるのも私は見たように思う。年齢《とし》の割には、というべきか、年齢相応にというべきかは知らないけれど、氏が時おり自分の顔の皮膚を寄せて深い起伏をつくって浮かべる笑顔には、氏をとりまいたさまざまな苦労や苦難を、ひとつの建物の中に封じ込めた自信のようなものが浮かんでいた。

その頃、私は高橋さんと一緒に、十人ほどの建築家のグループと建築学会賞の審査で建物を見に旅行することが多かった。そんな車中で、彼はいつも話題を提供してにぎやかな話の中心になる。たとえば彼は、鉄筋コンクリートの〈打放し〉という手法に対する自分の思い入れについて熱心に話してきかせた。防水やメンテナンスといったさまざまな面から、RCの打放しの仕上げに問題があるといわれはじめて大分時間が経っている。事実、日本の近代建築運動の先頭を切ってその種のデザインを試みていた老大家でさえ、RCの外壁側に打込みタイルを必ず併用したりするようになってきていた。そういった風潮を、ほとんど歯ぎしりせんばかりに口惜しがり、そんなことは絶対にない、打放しは建築の仕上げとして今でも十分に通用する技術だ、もしそれが駄目だといわれるとするならば、設計に配慮が足りないか、施工がずさんなのか、あるいは材料として使われたコンクリートの質に問題があるのだ、と彼は力説した。そして彼は行く先々でRC壁を見つけると、それをピシャピシャ叩いてみせて、「こんなのは〈打放し〉とはいわないんですよ、ギョーさん」と私を煙に巻いて面白がったりもした。

おかげで私は、門前の小僧よろしく、鉄筋コンクリートの建築と呼ばれているもののなかにも、施工上の巧拙からだけでなく、材料そのものとして見ても、良質のものとそうでないものの差が歴然としてあり、見る人の目にははっきりとそれが識別できるらしい、ということを教えられたけれども、果たして良いコンクリートとか、問題のない打放しといったものがどんなものなのかは、建築の実務に不案内な私には皆目見当もつかなかった。いささか苛立って、それではいったい本物のコンクリート、本物の打放しというのはどこにあるんですか、と性急につめよる私に対して、例の皺の踊る人なつっこい顔をこちらにむけてニッコリしながら、冒頭に書いたセリフを吐いて彼は答えたのである。そこまではさすがに高橋さんもいわなかったけれど、事実上「本物の鉄筋コンクリートの建築を今度見せてあげるよ」といっているに等しい口調であった。自分がいま取り組んでいる仕事について断片的にでも私に説明を試みようとする建築家はけっして少なくない。しかし、最終的な結果に対してこれほど自信満々の人も珍しいな、とちょっと私は戸惑いさえ感じたほどである。

高橋靗一さんを中心とする「第一工房」という設計組織が、大阪芸術大学のキャンパスの建設にかかわって、すでに十七年の歳月が経過している。いうまでもなく彼らが最初にこれにかかわりを持ちはじめたのが、一九六四年に行われた前の大学名、浪速芸術大学のコンペに当選した時であり、それ以来今日まで十二期におよぶ工事が連続的に行われ、現在延八万平方メートルにもなる建物が彼らの設計によってつくられたという。その間、建築専門誌にもその工事の過程で竣工したそれぞれの校舎や施設が紹介され、それを私も目にしていたから、いつか実際に見に行ってみようとは考えていた。ただ、正直なところを書いてしまえば、今すぐにでも、と思い立つような建築や空間に、それらの誌面からはほとんど出会わなかったような気もするのだ。むしろ反対に行くのをためらっていたふしもなくはない。航空写真などによってよけいそう見えたのだが、ポツリポツリと植えられた植物もまだ小さくて貧弱で、キャンパスの成長速度を象徴するかのように、樹木が根も枝も十分に張りめぐらしていないような状態——その中にまるでバルサ模型の写真のように、角々《かくかく》したコンクリートの建物の群居ばかりが目についていて、少し大げ

大阪芸術大学キャンパス全景

さにいえばその空間の中に立つと、皮膚がトゲかなにかにさされるように痛むのではないか、と心配になるほど〝植民地〟的な光景が写されていたからだ。そんな風景に私はいささか怖気立っていたかもしれない。たしかまだ工事がはじまって十年もたっていない頃だと思うが、何期目かの工事が終わって、ある雑誌で平山忠治さんのプロのカメラマンとしては画期的ともいえる35ミリライカ・カメラによるリポートが載せられた、その頃だが、その写真からは刺激を受けても、格別その空間を自分で経験してみたいとは思わなかった。キャンパスの空間がなんとなくカランとしている、という印象だけが強く残った。

そういったわけで、設計者には大変申しわけないことだけれど、ほとんど二十年近くも建設工事が続けられてきた大阪芸大のキャンパスに、私はこれまで一度も足を踏み入れなかったのだ。そのうちに、私は高橋靗一という建築家に直接出会い（たぶん今から六、七年前だったと思う）、この特異な容姿の建築家――顔立ちのさわやかさと裏腹な、猫背でヒョコヒョコと歩く、ひと言でいえばいやにオジンくさい（失礼）――の特異な姿勢の建築観（先にふれたのもその一例だ）に私はすっかり魅せられてしまうことになった。

彼はときどき私にむかって、評論家先生はろくに建物を見もせずに、いいの悪いの判断してくれるから恐ろしいよ、とかなんとか皮肉たっぷりにパンチを出してくる。その高橋さんが、ぜひ見にきなさい、と声をかけてくれたのは、やはりよほどの自信作であるのだろうと、こちらの心の準備はすっかり出来上がっていた。彼の話では、今回の建物は図書館といっても、単に学生や教師の読書のための空間を用意するといった単純なものではなくて、その他に音楽ホール的な空間をそなえ、そこにはパイプ・オルガンを置き、大阪芸大の大学記念館的な施設に将来なるらしい。ヨーロッパにオルガンの注文に行ってきた、といった旅の話も彼から直接聞いたことがある。そのホールのことを私は知りたいと思い、彼も何度か口で説明してくれたけれど、結局最後まではっきりした輪郭をイメージすることが私にはできなかった。しかし話だけでも、それが「ちょっとしたもの」どころか、なかなか大変な空間であるらしいこと、私がかねてから先入感として持っていた大阪芸大の一連の校舎群の建物のデザインとはかなり違うものであるらしいことは容易に想像できた。今回ばかりは誘われるまでもなく私は、実物を見たい、と本気で思うようになっていた。

アートホールの空間

広場から見上げた時の図書館の建物は、ただ大きいという印象が強くのしかかってくるけれども、それ以外に格別モニュメンタルな表現がされているわけではない。一言でいえばつかみどころがない。正面玄関の右手に大きく円弧を描く壁面があって、その上に「塚本英世記念館／芸術情報センター」と小さく書かれている。サッシュのないフラットで透明なガラス壁の間に立っている二枚の金属製の玄関扉を見た時に、たぶん誰でもこの建物が、周囲に立っているような校舎や事務棟とはまったく異なる、特別の建物であることを理解することになるだろう。設計者は玄関扉にいたるまでの建物のディテールに細かなデザイン上の配慮をし、たしかにその製作に熟練した職人たちの技術が発揮されているのを見るからである。ひと言でいえばこの建物には、大学の施設としては例外的に金がかけられていることがわかる。凝った凹型の把手に手を入れて扉を押して中に入る。エントランスホールに立って正面の奥を見ると、何本かの円柱をすかしてその向こうに、高い天井から落ちてくる光を受けて、やや青味がかってみえる厚いコンクリート壁につつまれた空間の一部とオルガンのパイプが見えてくる。それが今日の私の訪問にとって最大のごちそうになるはずの空間、「アートホール」と呼ばれる場所であることはすぐにわかった。右手の壁と左手の円柱に導かれて前へ進むと、段差があり、それを数歩ずつ断続的に降りていくとやがて二五、〇〇〇立方メートルを超えるという巨大な空間が目前に全容を現してくる。頭上を真直ぐに奥に向かってトップライト用のスリットが飛び、その光の亀裂は壁面にぶつかったところで、そのまま連続しながら垂直に床まで落ちて終っている。私は思わずホーッと溜め息をもらした。

手摺につかまって、階段を踏みはずさないように気をつけながら（というのもどうしても上や周りを見回して足もとを忘れそうになるので）、いくつかの段状のレヴェルを下に降りて行き、一番下の土間の床の上に立って、木製ケースにおさまった大きなオルガンを前にする。新しい楽器に慣れるためか、楽器を慣らすためか、若い女性がオルガンに向かってしきりに楽曲を練習している。満席時三・五秒、空席時で四・五秒という長い残響が、ホールの中を尾を引くようにかけめぐって、私はその音に押し流されそうになる。しかし逆説的に聞こえるかも知れないが、いまこのホールの中に音はあふれているけれど、その空間はかえって重い静寂を漂わせているように感じられる。その静けさはまさにコンクリートの壁体から滲み出たものなのか。ホールは、ロマネスク期の修道院の素朴な礼拝堂のたたずまい、といったものを私にふと連想させる。昼でもなお薄暗いような僧院の堂内のひんやりとした石の空間の底でしばらく動けないでいるような珍しい体験。

塚本英世記念館／芸術情報センター　アートホール（1981）

ここには媚びらしいものがほとんど感じられない。あらためて、その空間をつつみ込んでいるひとつひとつの壁や天井の姿に目を向ける。正面のオルガンをとりかこむ三つの大きな直立する壁は、打継ぎ目地を飾る三本の銅製の目地棒によって、壁面の連続性を強調されるのと同時に、それぞれ少しずつ分節し異なる表情を持たせるように工夫されている。オルガンの背面、西側の壁は、調整室（ルーバーの開閉、調光、電気音響などのコントロール室）のあるバックステージへ入る出入口と、小さな円型の窓があるだけで壁面全体がフラットなあつかいがされている。北側の壁面も、二階図書館閲覧室からののぞき窓風の開口部がひとつと、いくつかの空調の吹出し口があるだけである。ただしこの北側の壁には主に音響上の配慮から壁面の一部分に数多くの小さな穴が一面にあけられており、これが単調な壁面のひろがりに気持のいい効果的な変化をつけている。ある意味でそれは装飾的でさえある。

南側の中央部分で少し手前に突出した感じで折れている大壁面には、最下階（土間のレヴェル）とその上の階に廊下がとられており、その開口が規則的にきわめて効果的に並んでいる。これはちょうどロマネスク寺院でいえば身廊の横の側廊《ネイブ》とその上階のトリビューンにあたるものを連想させるが、これがあるために単調になりがちな大壁面に変化とスケール感をもたらすことに成功している。設計者によれば、このギャラリーと呼ばれている廊下は、最初の設計の段階では考えていなかったが、途中でどうしても欲しいと思って付けた、と語っている。ギャラリーの外壁内側は御影石の細かなハツリ仕上げで、これにトップライトの光が当たって微妙な陰影を与えていてやわらかい質感を生み出している。これらの南側および西側の大ＲＣ壁はいずれも八五〇ミリという、常識はずれの大変な壁厚を持ち、当然その中には空洞をとってそこに断熱のためのスタイロフォームを入れている。断熱性能はすばらしいものらしく、真夏でも室内が二七度以上になったことはないと聞いた。コルのロンシャンの壁をふと思わせるこのダブル・ウォールの壁厚が、開口部のみこみの深さを出して、それがRC壁に例外的な重量感をもたらしている。高橋さんが「オレのコンクリートを見にこいよ」と自慢するだけのことはあると思わせるものがこの壁面にかぎらず随所にあった。コンクリートの軟らかさをあらわすスランプは十六前後、それにコンプラストを入れて十八ぐらいとのこと。しっかりした型枠（パネル厚十八ミリ）仕事と、丁寧なコンクリート打ちの作業によって、カチンとした硬質のRC壁が出来上がっている。

高橋さんによれば、「コンクリートは石だ」という。「コンクリートという〝石〟で作ったつもりでいる」。事実、天然の大理石を使う以上に金のかかった部分もあるらしい。それはともかく、壁から天井にかけてモノリシックな一体感でつくり出されたこのホールは、おかしないい方になるが、鉄筋コンクリート造の組積造建築、といった風情で私をつつみ込んでいる。天井スラブがあたかも石や煉瓦で架けたヴォールトかなにかのような緊迫感を帯びて立ち上がっている。

天井（屋根）は一番高いところで、最上階の六階の床レヴェルに達している。そこからゆるやかな傾斜をもつ二重スラブが壁に向かって降りてホールの空間をつつみ込む。先述の天井のスリットはメイン・エントランスからホールの南と西の壁が直角に交わる点に向かう軸線の上を通っている。ルーバーは電動の可動式でガラスは透明なものが使われている。だから太陽の直射光線が、スリットとルーバーの間を抜けて射し込んで、壁面に鋭い光の切り込みを与える。この視覚的な効果はあざやかで、お見事、高橋さん！

いってみれば、このアートホールと呼ばれる空間は、本来図書館として機能する建物の本体に付属した〝下屋〟のようなものであると考えたほうがわかりやすい。巨大なコンクリートのさしかけ小屋。だからホールの北と東側の壁面は、本体としての図書館の〝外壁〟的な表情をそのまま露出したかたちでおさめられていても格別おかしくはない。

オルガンのある位置から振り返ってその内壁面を見ると、図書館の二階から四階におよぶ各階のラウンジ（バルコニー）を連窓を通して見ることができる。いいかえれば、そのラウンジの窓からアートホールの吹抜けの空間の全体を井戸の底を眺めるように見下ろすことができるわけだ。この窓は設計者が自慢しているもののひとつで、手動ハンドルによって九〇度の角度にまで上に開くようにできる。

「そのメカはオレが考えたんだ」と自慢げな高橋さん。この建物には他にもいろいろなメカニカルな〝仕掛け〟があるが、いずれも高橋さんが自分で機構《メカ》を考え、大部分を自分で図面を引いたと聞いた。「メカに強い」というのが彼の自慢であり、口ぐせのひとつでもある。

飛ばす

しかしこの北東側の壁面でなによりも人の目を引くのは、二階から四階までの各階をつないで昇っている奇妙な形の螺旋階段の存在であろう。それはまさにRCでこそ可能なキャンチレヴァーの奇形態《アクロバット》であり、そのアクロバティックな蠕動《ぜんどう》感を非常に強く見る者の目に訴えている。この壁体の上にセメントのミノムシがへばりついているような、あるいはコンクリート製の鯉の滝のぼりのような階段は、いわゆるくそまじめの精神からすれば、〝遊び〟ごと、それもかなり度の過ぎた遊びと映るにちがいない。事実なんとなくとぼけたユーモラスなものに見えるし、機能的にどうしても必要な階段であったとも思えない。しかも工事中の話を聞いても、それがおよそ施工屋泣かせの工事箇所であったことは容易に想像がつき、特に型枠大工の、ほとんど工芸的というか名人芸的なといおうか、大変な苦心と努力の産物であったことが理解される。しかし誰がなんといっても、設計者高橋靗一はとにかくこれをやりたかったのだ。ここらに高橋さんのものつくりとしての執念のひとつが露出している。それはもはやソロバン勘定や単純な機能論では説明できないところで、その意味では設計者はその部分では無防備に裸で立っている。私は高橋さんのこの〝若さ〟あるいは稚気に、心からの拍手を送りたい気持に襲われる。そして結果的にも、この階段があることで、このアートホールの大きな空間に、ひとつの愛嬌、ひとつのえくぼができたことははっきりしており、またひとが歩いて登る階段が空間の中の軌跡としてコンクリートに

螺旋階段

よって定着されたことで、茫漠としたホールの吹抜けのひろがり《ディメンションズ》に、人の尺度《ヒューマン・スケール》を視覚的に与えることにも成功している。

ある意味で、この階段には設計者の潜在意識が形象化されているともいえるかも知れない。それが何を意味するか、といった点については、軽々しくいまここで書くことはできないが、それは単なる〝遊び〟以上の特別の意味を持つものであることは間違いないと私は思う。建築家高橋靗一がこれまで作ってきたいくつかの作品のなかで、しばしば顔を出す特殊な手法があることに私はすでに大分前から気づいている。それはひとつの大きな空間のなかに小さな別の空間を飛ばすという手法である。具体的には、彼の設計のなかにしばしば登場する、吹抜けの空間のなかにブリッジを架けるという方法である。この手法自体は他の多くの建築家の仕事のなかにもしばしば登場するものだが、おそらく高橋さんほど、それを執拗に繰り返して使う人もそれほど多くはないだろう。しかもそのブリッジは、彼の場合、けっして鈍重に架け渡した楣《まぐさ》的な架構体の姿を持つことは許されない。逆に、軽快でスレンダーで、少しテンションがかかっているような感じが不可欠である。「東京都立中央図書館」(1972)、「帝都信用金庫芦花公園支店」(1978)などその例は多い。実は今回のスパイラルの階段にしても、RCのキャンチレヴァーの特性を実に大胆に使って、同じような垂直螺旋ブリッジを作り出したとも考えられるのだ。

彼がこのような建築的表現に、ほとんど無意識のうちに強く傾斜していく理由のひとつには、きっと彼の青年期の経歴が関係していると私は睨んでいる。彼は戦争が終わる前までは、学校で飛行機の設計を専攻していたと聞いた。就職先も昭和飛行機に入ることがほぼ決まっていたらしい。それが敗戦で航空機の設計が全面的にダメになり、建築に転向したけれども、その当時の記憶のせいか、「今でもテンションのかかるものがすごく好き」なのは変わらない、と彼自身告白している。それによれば「飛行機というのは根っからのキャンチレヴァー」だということになる。その辺の話は自動車好きで、スピード狂の高橋さんの面目が躍如としていて面白い。そして高橋靗一の身体のなかにひそんでいるこの種の技術ロマンティシズムの源泉は、彼の父親の経歴と職業とも無関係ではなかったようだ。彼の父は蔵前の高等工業学校を卒業してシカゴへ行き、IITの前身のアーマー工科大学で修士号を得たエンジニアであった。後に中国の青島《チンタオ》にわたり、そこの電力会社を経営して成功し、その子靗一もまた青島に生まれ育った。高橋さんが「オレはメカに強いんだ」とうれしそうにいい、たとえば今度の図書館の最上階に設置された国際会議室の、電動で上下させることのできる重量のある照明設備の吊り下げ機構を考えることに熱中したりするのは、いわば彼の体内に流れる父親の「エンジニアの血」のせいだったのだ、とも解釈することができる。

話がちょっと横道にそれるが、高橋さんが最初航空機のデザインを目指し、後に建築を専攻するようになった経緯にもまた、彼の父親が関係していたこともやはりここで書いておかなければならないだろう。彼の父は青島の財界で活躍している間、工手学校出（大正三年卒）のひとりの若い建築家を可愛がり、面倒を見、ついには自分の家の隣に土地を与えて住まわせまでした。その建築家が三井幸次郎（一八九三—一九三五）であり、三井は青島に銀行やゴルフ倶楽部の他かなりの数の住宅作品を残して、四二歳の若さで死んだ。もし彼が今も生きているとすれば、ちょうど村野藤吾などとほぼ同じ年齢で、彼の同世代の建築家ということになっていたであろう。彼の作風は様式的な意匠もこなしたが、中心はきわめて前衛的なモダニズムのデザインで占められており、その作品系列のなかでももっともモダンな設計によって完成した住宅が、高橋光隆邸、つまり靗一の父の家であった。少年靗一は当時日本本土でも珍しかったインターナショナル・スタイルの家で少年時代を過し、隣りにあった三井幸次郎の煉瓦造のアトリエへ毎日のように遊びに行っていたという。ひとりの少年にとっていわゆる近代建築の空間と建築家の生活は、戦前の時点においてすでに日常的なものでさえあったのだ。だから敗戦という事態のなかで、航空機の設計者への夢を失った時、今度は建築の設計を一人の青年が目指したとしても、そこにはほとんど特別に意識した選択といったものはなかったことがわかる。高橋さんにとって、いわばモダニズムは根っからのもの、というわけだ。

　というわけで、大学を卒業し逓信省へ入り、やがて独立して「第一工房」という設計組織の主宰者となったひとりの設計者は、翼を持たない重い建築を、なんとか飛ばすことができないかと、今でも苦労しているのである。そうした意欲、そうしたあがきの破片が、アートホールの突出した螺旋階段のあたりにおできのように吹き出した、と書いたら高橋さんは怒るだろうか。

打放しコンクリートの外壁

囲い込まれはじめたキャンパス

段状になったアートホールの床に腰をおろして、両手を後について仰向くように反り返りながら私は天井の高い空間を自分の体に受けとめて考える。さっきから断続的に続いているパイプ・オルガンの演奏のなかで、私のうしろで無言のまま、背広のポケットに手をつっこんで立っている高橋さんに、「いいですねえ」とだけ怒鳴った。オルガンの音の洪水の中でその声がとどいたかどうか、彼はだまったまま例のひとなつっこい笑顔を浮かべて眼鏡を光らせている。私は内心、私の感動を的確に、短く伝える言葉はないかとしきりに探し求めながら、それを思いつかないまま、黙って彼と握手したい衝動に駆られたが、それもせずにじっとしていた。私の掌がちょっと汗ばんでいたのと、そうした動作がなんとなく気恥しかったからだが。正直なところ想像以上にすごい建築空間だと思った。誤解をおそれずにいうとすれば、日本ではじめてコンクリートが〈建築〉になった！というような、自分自身でも思いがけない感想を持ったのだ。どこかでこれに似た空間を持った建築を日本の中で見たことがあるだろうか、といろいろ思案してみたが思い当たらない。鉄筋コンクリートのアクロバチックな架構を誇る建築ならかなりの数のものを思い浮かべることができるけれども、これだけの〈空間〉を持つ建物は知らない。「量」としても、もちろん「質」においても。コンクリートを〈建築〉にしたおそらく最初の建築家はオーギュスト・ペレだというのが通説だと思うが、日本にはペレはいなかった。アントニン・レーモンド？　彼の作った志木の立教高校の礼拝堂？　いや、あれでもまだ最終的に〈建築〉に成り切れてはいないように思う。レーモンドは本来、木造の丸太架構に真価を発揮した人ではなかったか。

高橋靗一が設計者として、今回のホールの空間の原像としたものがあったとしたら、やはりそれは、彼が尊敬してやまないドイツの現代建築家、ゴットフリート・ベーム（Gottfried Böhm 1920-）の作品であるにちがいない。たとえば、私はまだ実際に見たことはないが、ネヴィゼスの巡礼教会の礼拝堂のＲＣの穹窿《きゅうりゅう》などがすぐに思い出される。鉄筋コンクリート構造という、もっとも二十世紀的な建築技術を駆使して表現の多様性を追求し、初期のル・コルビュジエの作品に代表されるような、俗にいう豆腐を切ったような初原的な幾何学形態の桎梏《しっこく》から建物を脱出させるという方向での努力においては、高橋さんのためには、Ｇ・ベームの存在と作品は非常に大きなものがあったことは間違いない。彼にいわせれば「ベームの建築はとにかくあったかいんだよ」ということになる。この場合、あったかみとは、コンクリートが、単なるこけおどしのためにあるのではなく、まさにそれが〈建築〉になっているからこそ生まれ出てくる特別の味ではないか。高橋靗一のこのホールは、あったかみという形容はともかく、コンクリートがただの鈍重な素材として積み上げられているのではなく、まさにふうわりと〝離陸〟して、自分の歌をうたっている。それが私に〈建築〉になった、といわせたものなのだ。少なくとも高橋さんがあれはいいねえ、と感嘆する五輪真弓の歌に負けないぐらいには歌っている。

もっとも設計というものは、建築（作品）を作ろうとして〈建築〉になったためしはないともいえるかも知れない。そのあたりを当の設計者は多分に日本人的なはにかみ《シャイネス》をまじえて、「（建築の）楽器をつくろうとした」と説明する。パイプ・オルガンが見事に鳴り響くように――このためにこそこの建築がつくられたのだ、とする説明は、竣工披露のためにヨーロッパから来日した著名なオルガニストが、まったく問題がない、すばらしい、と大鼓判を押したことで裏打ちされて、説得力を持ったと聞いている。そうした賞讃が、一度ほとんど終わりかけていた設計を、ある時最初から全部やりなおして今の形が出来上がるまでに持ってきた高橋さんの建築家としての苦労を幾分かは癒したであろう。

ただひとつだけ私が気になった点は、このホールがオルガンのためにつくられたものであったとしても、オルガンと建物の間が、視覚的にもうひとつしっくりいってないように感じられたことである。なんだか今の状態では、オルガンが教会堂の中の祭壇上の十字架像かなにかのように祭り上げられていて、妙に目立ちすぎていないか。少なくとも私が見た限りでは、ヨーロッパの教会堂などでは、これよりもっと大型のパイプ・オルガンの場合でさえ、おさめられた建築の風景のなかにうまくとけ込んで、孤立した様子を見せない状態でおさめられているような気がする。私が見たものではケンブリッジのキングス・チャペルなどのうまい配置を思い出す。オルガンがはっきり主景《ゲシュタルト》であり、建物は背景、という今の明確な構成は、このホールの空間にとって、画竜点睛を欠く思いがしないでもない。

ホールの空間にすっかり気を取られすぎて、「芸術情報センター」の他の重要な部分、図書館、会議室、展示室、事務室などについて書く余裕を失ったのが残念である。ともかく高橋さんは、最初期の「佐賀県立図書館」(1961)以後、都立中央、前橋市立など数多くの図書館を手がけたこともあり、その意味ですべては手馴れたもので、設計は安定している。同じ芸術系の私立大学で働く身として、いたれりつくせりのぜいたくな施設はうらやましい限りであった。記念館の見学を終えて、最後に高橋さんの案内で、芸大のキャンパスの内部をひとめぐりする。私がだいぶ前に雑誌で目撃した広いキャンパスに点々と校舎が点在するといった光景とは今はかなり異なり、建物が混み合い、構内の空間も大分陰影に富んで面白くなってきている。外部は私が想像したものよりはるかに変化があり濃密なものを持っている。最初のコンペの当選案の配置計画から出発し、かなりの変更を加えながら進められた初期の建物群と最近の高橋さんの設計の方針に大きな転換があったのではないか、と考えた。その屈折は、ちょうど一九七〇年あたりにありそうだ。具体的にいえば、六〇年代の構想では、キャンパス空間の主軸となる一本の東西通路をはさんでその両側に、各建物を独立したエレメントとして配置してゆく方法がとられている。ところが七〇年代に入ると、特に主道路の南側で顕著に、各建物が線状に連続し、それが敷地の境界

遠景

（多くは傾斜地）線に沿って建てられるようになる（今回の図書館もその一部をなす）。やがてその傾向が道路の北側にまで回り込み、ゆるやかな曲面を見せる二一号館が先年完成したことによって、十五号館から二一号館までの建物の連鎖がつくり出された。この場合、設計者の意図は明白である。高橋さんは、キャンパスの敷地境界線にぎりぎりに沿って建物を連続的に配置し、鉄筋コンクリートの〝長城〟、都市囲壁《タウンウォール》をつくってキャンパス全体を囲い込もうとしているわけだ。この作業が近い将来北西側の外郭で完成した暁には、「学園山岳都市」もしくは「キャンパス・アクロポリス」とでも呼ぶべき、外閉内開型の〝都市〟的空間が出現するにちがいない。私が「面白くなっている」と思うのはその辺である。

都市にせよ建築にせよ、それがひと度、外に向かって閉じることを決意した以上は、当然のことながら、外側に向けた硬さをほぐすための、内側の解放感、やわらかさ、濃密さといったものを空間として実現することを迫られる。その意味で、今回のアートホールの空間は、まさにそうした内密の空間のひとつの結実であったということもできるだろう。大阪芸大はまだまだ面白くなりそうな気配がある。〝城主〟塚本英世と、〝出入りの大工〟棟梁高橋靗一の、やや古風だが、その分だけ可能性を持った建築的〈対話〉の今後に期待したい。

（一九八二年記）

日本海の怒濤が岸へと今も押し寄せる

論考——渡邊洋治

わたなべ・ようじ　1923〜83

新潟県生まれ。1941年、高田工業学校工芸科卒業、日本ステンレス入社。久米建築事務所、早稲田大学助手を経て、1958年独立。師・吉阪隆正の影響を受けながら、軍艦ビルとも呼ばれた第3スカイビル（1970）に代表される独自の作風を築く。

おもな作品に、新潟労災病院（1958）、糸魚川善導寺（1961）、龍の砦（嶺崎医院、1969）、最高裁判所（案、1969）、ユーゴスラビア国立オペラハウス群（案、1971）、ポンピドゥー・センター（案、1971）、斜めの家（田中邸、1976）、名護市庁舎（案、1978）、ザ・ピーク（案、1982）など。

偶然が生み出す不思議な巡りあわせ

一九八三（昭和五八）年の十一月のはじめのある日、新潟県の西端の小都市、ヒスイの産地としても知られる糸魚川市の、海辺の粗末なホテルで、私は日本海の波の音で目をさました。この町に村野藤吾氏の設計による「谷村美術館」が完成したばかりであり、取材のために前夜晩く私はここに着いた。朝食を摂りに下に降りた時に買い求めた新聞を、部屋に帰ってくつろいだ気分で開いて、ひととおり目を通す。最終頁まで読み進み、私の目は下段の死亡欄の記事のひとつにくぎづけになった。黒々とした傍線の左に、渡邊洋治、と書かれており、括弧のなかに、建築家、とあった。享年六一歳。その死亡記事がにわかには信じがたいものに思えた。ほんとうにあの渡邊さんのことなのだろうか。しかし記事の内容からすれば、残念ながらその死は否定できない事実のようだった。「まだ若いのにどうして……」と私は絶句して、しばらく身動きできなかった。

十年程前、ＮＨＫテレビの建築番組の俄《にわか》仕立てのインタビュアとして、私は平河町の渡邊氏の設計事務所を訪れた。照明の熱と梅雨の湿気のなかで、〝軍艦マンション〟といった異名ですっかり有名になった作品、「第三スカイビル」(1970)の設計意図について、渡邊さんは汗をふきふき、私の質問に答えてくれた。それが縁で、その後パーティなどで顔をあわせた時など、あの人なつっこい笑顔を顔いっぱいにうかべて、気軽に話かけてもらうようになった。そんな記憶が一瞬のうちに私の脳裏を駆けめぐる。たしか昨年の春だったと記憶しているが、やはりなにかのパーティの席で渡邊さんに会った時に、心底うれしそうに、外国のいくつかの大学からレクチャーを頼まれていて、近く出かける予定だ、と彼は私に告げた。「見る人たちはちゃんとどこかで見てくれているものですね」と、なぜかその日は特別に感慨深げに彼は私に話した。

考えてみればあれが私が氏に会った最後だったのだ。その短い死亡記事の最後のところに、主要な彼の建築作品があげられており、その一つが、「善導寺」(糸魚川)、となっていた。これもなにかの因縁にちがいない。日頃にもなく殊勝な運命論者のような気持につきまとわれて、今日は谷村美術館を見学した後で、ぜひともそのお寺を探してお参りをして、渡邊さんの冥福を祈ろうと心に決めた。

「谷村美術館」は予想にたがわず、村野藤吾の晩年を飾る作品としてすぐれた出来映えを示していた。大地の中に半ばうずもれたかのような建物の姿は、渡邊さんの突然の死が頭にあったせいもあってか、当時九二歳の高齢にもかかわらずまだお元気であった村野先生の、いわば「遺書」のような作品ではないか、と密かに私は確信した。美術館をひとわたり見終ってから、案内してくださった美術館の方に事情を話して、「善導寺」のことを尋ねると、美術館を建てた谷村家がそのお寺の檀家であり、館長の谷村さんは、同じように若かった頃の渡邊さんと、その寺の建設をめぐって丁々発止やりあった間柄だったと教えられた。これもまた奇縁。早速、寺まで車で案内してもらうことにした。

一九六一(昭和三六)年に竣工した若き渡邊洋治設計の「善導寺」は、いまも健在であった。完成してから現在までに、すでに二二年の歳月がたち、たしかにコンクリートの打放しの表面はかなり汚れ、一部ではモルタルがはがれて中の鉄筋が露出していたりするけれども、全体のシルエットには何の崩れもなく堂々とした姿を私の前にあらわした。建物に直角に突きささるように向かうアプローチの斜路の端から眺めると、全体が左右にゆったりと翼を伸ばすようにひろがっていて、力強い視覚上の動きが感じられる。「少し荒っぽいけど、初々しく、こせついたところがなく、いい建物ですねえ」と、案内者に同意を求めるわけでもなく、私はひとりつぶやいた。建物の寿命というものは、物理的な耐用年限の他に、その建物が所有者や利用者にどれだけ可愛がられたかによっても決まる、と常々いっておられたのが先の村野藤吾だったけれど、まさにこの建物が二十数年の歳月を超え、悠然と立ち続けることができた背景には、寺や檀家の人たちのそうした強い思い入れがあったからにちがいない。一九六〇(昭和三五)年から三年間、早稲田大学理工学部で、吉阪隆正助教授(当時)のもとで助手として設計を手伝い、同時に学んだ渡邊さんは、一九六三(昭和三八)年八月、三五歳の時、はじめて建築家として独立して、「渡邊建築事務所」を開設した。その独立直後の、最も大きな仕事がこの寺の設計であり、彼の事実上の処女作として、記念すべき作品だったのである。

多くの建築家の処女作がそうであるように、この「善導寺」の場合にも、ひとりの建築家がその後の仕事においてより鮮明に提示することになる主要なテーマが、不器用ではあってもしっかりした筆勢で予告され、作品のなかに埋め込まれている。たとえば、建物の構造的な組み立てを強く視覚的に明示すること、形態の水平方向への伸張とその動きの表現を試みること、建物をあえて大地から持ち上げて浮かべようとする意欲、禁欲的でスケール感のある室内空間の設定、等々。なかでも、渡邊洋治の建築のデザインに最も特徴的なものとして誰もが認める、建築の輪郭の〈船舶〉の形象への積極的接近、という傾向が、ここでもすでに萌芽として示されているのがいかにも興味深い。たとえば、この建物の東西に長くのびた翼の西の端に立ち、奥深いパースペクティブな視界のなかで建物を眺めると、まさに一隻のコンクリートの船舶がピロティのうえをすべり出て、今まさ

糸魚川 善導寺（1961）

に出港しようとしているような錯覚にとらわれる。それはまた、建築家渡邊洋治の建築界という海への旅立ちの姿でもあったかもしれない。

この「善導寺」のデザインの基本的な下敷きとしては、いうまでもなくル・コルビュジエのデザイン世界があり、彼のいわゆる「近代建築の五つのポイント」への、渡邊流の応答がこの作品に結実しているのはたしかである。ピロティ、屋上庭園、自由な平面、自由なファサード、等々。しかしここでは、日本の他の多くのコルビュジエ憧憬者たちの場合とちがって、直接的に渡邊さんのデザインにそれが影響しているのではなく、彼が私淑していた師であり、またコルビュジエの直弟子でもあった吉阪隆正氏のフィルターを通して出てきたものである点に特徴があったのだ。したがってデザインはより土俗的で、また土着的なものに変化し、さらに渡邊さんの個性が加わって、ある意味で、非合理性の衣さえまとって立ち現われているところがある。

しかしそれにしても渡邊さんにとって、恩師吉阪隆正の影響は、なんと大きなものであったことか。この「善導寺」の場合でいえば、東西に振分けた庫裡と本堂のうち、本堂の外観などに、当時の吉阪さんの一連の仕事の影響が直接的に色濃くあらわれているのをみることができる。吉阪氏がル・コルビュジエのところから帰ってきたのが、一九五四（昭和二九）年。その直後の一九五五（昭和三十）年、渡邊さんは、それまで八年間勤めた久米建築事務所を退職して、吉阪研究室に入った。ちょうど吉阪さんはヴェネチアのヴィエンナーレの日本館の設計でいそがしい時期であり、さらに続いて「ヴィラ・クゥクゥ」の設計がはじまろうとする時でもあった。後でも触れるように、特に「ヴィラ・クゥクゥ」の設計への協力は、後の渡邊洋治の建築の成立と深いかかわりを持っているように思われる。[1]

実は渡邊さんは、久米建築事務所をやめた時、吉阪研へ行く話とほぼ同時に、村野藤吾が主宰する村野・森建築事務所へ就職する話もすすめていたらしい。村野事務所からOKの返事がとどく数日前、吉阪研の話が先に決まってしまったのだ、と私も氏から聞いた。これについては彼自身次のように書いている。

「……（吉阪）研究室に入れて頂いた事、早大との縁の始まりであり、校門の無い早大の良さと思っている。その以前に村野先生の実弟（故人）より村野事務所を紹介して頂く（も）、運命は師吉阪に決まった。その結果を村野先生に報告しました所、経済的援助を言われ御辞退した。此の感激を此の稿を借りて記したかったのである。[2]」

歴史的な出来事を考える時に、「もしも……」という言葉が無用のものであることはいうまでもないとしても、渡邊さんが村野事務所へはいって、六〇年代の村野藤吾とやりあっている図を想像するのは、ちょっと愉快なものがある。もし彼が村野事務所に入って、そのまま飛び出さないでそこで我慢していたら（それはとても考えられそうもないことだが）、今私達が知っている渡邊さんはいかわりに、全く別の一人の建築家が出来上がっていたかもしれない。それに村野先生ほどの長寿は望めなかったにしても、少なくとももうしばらくは長生きして、もう少し数多くの実作を世に送り出していたかもしれないのだ。しかしいずれにせよ、こうした空想は意味のないことだ。ただそれにもかかわらず、私があえてそうした空想に身をまかせてしまうのは、村野藤吾という建築家はその生涯を通して、民間の、在野の建築家であり、巨大な組織とか無個性な機構《システム》といったものから建築を造り出すことを常に疑問視しながら仕事をしてきた人だったからであり、そこに何か渡邊さんに通じるものがあるように思えてならないからである。というのも、渡邊洋治という建築家の仕事につきまとう、まぶしいほどの光彩と、それと表裏をなしたある種の悲劇性は、村野さんの場合とよく似た、非組織的な独立性、わかりやすくいえば〝一匹狼〟的行動力からきていたからである。しかしその類似にもかかわらず、一方の村野は半世紀をこえる設計者としての活動のなかで、最初から近年の死にいたるまで、絶えまなく数多くの作品を実現してきたのにたいして、渡邊さんは建築の実作者として決して恵まれた存在だったとはいえなかった。この差は一体どこから来たのだろうか。もし渡邊さんが村野さんのところで仕事をする機会があったら、〝一匹狼〟としての建築家の〈作法〉なり〈技法〉、あるいは建築家としての〈生き伸びかた〉といったものについていろいろと識るところが少なくなかったかもしれないと考えずにはいられないのだ。

もういい加減にやめにしよう。いずれにせよ渡邊さんの建築の驚くべき活力と独創性はその種の〈作法〉や〈技法〉を敢て切り棄て、それを乗りこえるところから生まれでてきたものに他ならない。ともあれ、この糸魚川には、二人の個性あふれる独歩の建築家の、それぞれに貴重な作品が残された。一方は、多彩な活動の果ての、平穏な自分の〈死〉を予告するような静謐な美術館をつくりあげて逝き、他方の設計者は自らの建築家としての〈誕生〉と、苦難の海への勇壮な船出を詠いあげた作品を遺した。二人の建築家の運命の糸が、この小さな町の上で、一瞬二つの流れ星のように交錯して、再び遠く離れていく。私は、二つの作品の間に立ちながら、偶然が生み出した不思議な巡りあわせをやはり考えずにはいられなかった。

裏日本の風土と、特にその冬の気象が与える心理的圧迫感

「家は代々田舎大工の一族で、祖父の作った明治建築（いかや旅館）が直江津駅前にある。父も組合長であったが、高所から落ち長い病の為に、（私は）県立高田工業学校木材工芸科に入学。当時新潟県に建築科が無かったからであった。[3]」

ここにもあるとおり、渡邊洋治は、一九二三（大正十二）年、新潟県の直江津（今の上越市）に、大工棟梁の長男として生まれた。彼も当然、父や祖父のあとを継いで、大工になるべく運命づけられていると考えていたにちがいない。実際彼自身も、子供の頃から手先が器用で、絵を描くことや、軍艦などの模型を造ることが得意だったと回想している。父親は小学校を終えたらすぐに家業を継ぐことを期待していたが、小学校の先生の強いすすめがあって高田工業木材工芸科へ進学した（このような渡邊さんの経歴は、大工の長男である点、上級学校への進学を親に強く反対されたこと、など、日本の近代建築史に名高い建築家、山口文象の幼年期に酷似しているものがある）。

一九四一（昭和十六）年、十八歳の時に卒業、「職工として」ステンレスの会社に「配られ」て就職。やがて三年後の同十八年、軍隊に入って南方戦線に赴く。幸運にも戦争が激化するまえに本土に帰り、予備士官学校を卒業し士官候補生となった。そのため敗戦までついに実戦に参加することもなく司令部にいて、終戦を迎えることができた、という。再びもとの会社にもどり勤めたが、東京へ出る夢は断ちがたく、一九四七（昭和二二）年ついに上京、久米権九郎の建築事務所に入所した。渡邊洋治が二四歳の時であり、彼はそこで、八年間、事務所の設計活動に従事した。

このような渡邊さんの少年期から青年期にかけての経歴において、後の彼の仕事に関連して私達

が注意を払うべきいくつかの要点があると思う。ひとつは、彼自身がいろいろなところでくりかえし述べているように、生誕地が裏日本の多雪地帯にあり、表日本に比較して想像もできないほど陰欝な冬を覚悟しなければならない風土に育ったという点。次には、彼が伝統的な技能をもつ職方の総領息子でありながら、その社会的な役柄を自ら放棄し、文字通り「家」を捨てた男となったこと。そして最後に、近代的な「職能」としての建築家といった意味でなくとも、大工の子として、家をつくる者の家系に生まれた者として、建築家を目ざしても不思議ではない環境と、それにある種の天分も持ちあわせていたらしいこと、などである。

裏日本の風土、特にその冬の気象が与える心理的圧迫感は、やはりそこで生活した者でないとおそらくわからない。そうした風土は人の基本的な姿勢を防御的にする。表日本の太平洋岸や、瀬戸内海や、九州の南部に育った人たちが持つようなある意味で楽天的な態度で自然に接することがむずかしいのだ。日本海側の日本に育った彼等は物事全般に必要以上に警戒的な傾向があり、また懐疑的でもある。要するに自然に対して決して油断しないし、真底心を許したりしようとはしないのだ。

渡邊洋治の建築にたしかに見ることのできるような、ある種の要砦的な性格——外部の変化をよせつけず、それから自立していようとするような性格——は、おそらく前述のような風土にひとつの起源をもっているにちがいない。ところで、このような気候に閉じこめられ、打ちひしがれた裏日本の冬において、人々が唯一立ち向かっていき、そこから豊かな獲物を得てくるのが海、日本海である。冬の日本海は魚の宝庫だ。漁港直江津で少年時代を送った渡邊少年が、海に特別の感情を持ち、その海を自由に往来する船に強く憧れたとしても、少しも不思議なことではなかった。すでに何度もふれているように、渡邊洋治の建築には、執拗に〈船舶〉のイメージがつきまとい、それがしばしば軍艦の姿に似ているが、これは決して彼の潜在的な意識における軍国主義の思想といったものからくるのではなくて、もう少し純粋な、海が約束している世界——たとえば〈自由〉への憧憬からきたものであったにちがいないと考えたい。渡邊さんはよく子供の頃、沖にやってくる軍艦を眺め、その記憶をもとに見事な模型をつくってみせて、大人たちを感心させたと話していた。その彼がやがて長じて兵士として艦船にのり、その鉄で護られた洋上の小宇宙に強く惹きつけられたのも、なにかわかるような気がする。ただ渡邊洋治は、陸上を疾駆する自動車や、機関車や、いわんや空を飛ぶ飛行機といったものに憧れたわけではない。彼の希求の対象はあくまでも〈船〉であったこと、そのことはここで一応注意しておかなければならないところだろう。彼と同世代の建築家で、戦時中、航空機の設計者となることを目ざしていて、戦後、建築の設計に転じた人達が少なくないが、彼の場合はそれとはちょっと異なるものがあるように思える。なぜなら、彼がそこで強い関心をいだいたのは、高度のメカニズムを駆使して大海原を思うままに動きまわることができるという船舶の機能的な側面であるだけでなく、むしろそれ以上に船長以下の乗組員たちが形成している「洋上の社会」にあったように推測されるからである。船長（艦長）の命令にしたがって、乗組員全員が、有機体の神経組織のように、すみずみにいたるまで緊密な連係をみせて実現する全体……そういったものが、渡邊さんが〈船舶〉を通して自らの内面に描いた〝夢〟の世界であったのではないか。

海と船へのロマンチシズムは、コンペ案においてより鮮明に提示された

渡邊さんが自分の設計事務所で、自ら「艦長」として、クルーである事務所員に対して行った過激な「教練」については、いろいろ愉快なエピソードが残されているらしい。この「艦長」は設計を体で覚えさせるという方針に関しては、戦後しばらくたってもなお旧海軍の伝統に忠実であったらしく、このため戦後育ちの所員たちの戸惑いは、並大抵のものでなかったらしい。

彼の経歴書によれば、太平洋戦争も押し詰まった一九四四（昭和十九）年、二十歳の渡邊洋治は船舶兵として、フィリピンのセブ島に入営したが、戦闘に加わることなく、幹部候補生試験に合格し、戦場を後に、帰国。予備士官学校卒業後、新潟の日本海船舶隊司令部に勤務していたが、一九四五年八月の敗戦とともに除隊している。このときの経験が戦後になってからの渡邊さんの行動に少なからず影響を与えたことになるのだか、しかしここでもっと重要だと思われるのは、渡邊さんの「洋上の社会」（船）への憧れが、単に事務所運営のスタイルとして応用されただけでなく、彼の作品のデザインそのものの上に直接的に投影された点であろう。彼の設計活動のなかで最も華やかな高揚期であった一九七〇年前後の作品、たとえば「第三スカイビル」（1970）や、「第五スカイビル」（1971）のデザインなどにそれが最もストレートにあらわれている。「第三スカイビル」の屋上の、艦橋《ブリッジ》を連想させるペントハウスのデザイン。「第五スカイビル」の、上階にいくに従って急角度で狭まっていく外壁面に、同じく司令塔のように、突然突き出した機械室（!）のあつかい。さらにこれらの建築では、艦船や船舶のなかの一部分の形象を直接的に引用するということにとどまらず、もっと重要な、もっと本質的な試み、つまり「洋上の社会」の理想を、建築そのもののデザインへ投射

しようとする密かな試みがあったようにうかがえるのだ。仮にここで、船の上の理想、といったものをできるだけ単純に想像してみるとするならば、前述のように、指揮官（船長）の指揮が隅々にまでいきとどき、それと同時に、乗組員たちがそれぞれ自分の役目を充分に果たして生きいきしていて、その〈全体〉の安定と〈部分〉の活力が、微妙に、ダイナミックにバランスして、文字通り有機的関係を維持しながら船を自在に走らせている……、といった状態をイメージできるのではないだろうか。

渡邊洋治は、そのような〈理想〉を、この二つのマンションの設計において、それぞれ違ったやりかたで、追究している。〈全体〉から〈部分〉へと伝達される明確で強い意志は、「第三スカイビル」の場合では、「柳の枝とその芽」の関係、と設計者自身によって説明されている基本的な平面計画、つまり軸となる中央の廊下の設定と、その東西に各住戸を置く配置によく示されている。一方、〈部分〉が持っている活力と独立性が、逆に〈全体〉像を生きいきさせているという点

第３スカイビル（1970）

第5スカイビル（1971）

では、鉄板を銀色のペンキで塗装し、各住戸それぞれに分節されたかたちで取り付けられている外壁の表情に見事に表現されている。同じことは、「第五スカイビル」の場合では、〈全体〉の意志は主に立面の奇異なシルエットで示現され、〈部分〉の自由は、開口部やバルコニー、さらに自在に壁面上をかけめぐる排気用の煙突の、ある種の放埒さなどによくあらわれている。

ここでちょっと注意しておきたいのは、渡邊さんが集合住宅の計画において、ある時期カプセル化の問題に熱心に取り組んでいたことについてである。彼は「第三スカイビル」の完成に前後して、「アビタ70」（1967）と名付けた計画を発表し、大規模な集合住宅の建設を、先ず最初に構造（設備）的躯体をつくり、それに住戸カプセルをとりつけて建設していく、という方式を提案している。

この発想の根源は、おそらくル・コルビュジエが、マルセイユの「ユニテ」の計画を発表した時に示した方式を下敷にしたものだと思われるが、渡邊さんのこの提案のほんとうの狙いが、単純に住戸をカプセル化することによって、建築生産の工業化と合理化を達成し、安く住居を大量に提供しようということにあったとは考えにくい。すでに述べたように、彼は集合住宅の〈全体〉における、住戸の独立性を、生産方式、建設システムにおいても保証しようとして、このカプセル化の課題に取り組んでいたのではなかったか。

別のいいかたをすれば、渡邊洋治のカプセルの原像には、吉阪隆正の「ヴィラ・クゥクゥ」がある、ということになるかもしれない。一方が軽快で切れ味のいい鋼鉄のカプセルであり、他方がやや鈍重な感じのRC造の住宅であるという基本的な違いをこえて、社会の基本単位としての家族の、その独立性を守り維持する外殻の形成という態度において、両者には共通するところがある。実際日本海側の日本の小都市の、おそらくは伝統的な大家族制の社会で育った渡邊さんは、たがいに〈個〉として認めあう夫婦とその子供が構成する近代的な「家族」の空間、といったものについて、青少年期において経験する機会がなかったはずだから、吉阪邸や「ヴィラ・クゥクゥ」の空間からそれを吸収したのではなかったか、と考えても、それほど的はずれな推測にはならないだろう。

このように把握されたひとつの空間単位は、ハリウッドのカプセル風の「三連住宅」(1964)を通って、やがて「アビタ70」へと昇華し普遍化されていったのだ。たとえば、「アブダビのホテル」(1976)のコンペ案の客室のカプセル的表現をはじめ、「ポンピドゥー・センター」(1971)のコンペ案、「ベオグラードのオペラハウス群」(1971)の計画案など、ほとんどのものにカプセル的な空間単位が外壁にそってとりつけられていく。渡邊洋治は、それによって建築の〈部分〉が〈全体〉のなかに解消していくのを防ぎ、その両者の対立と交歓によって、自分の設計した建築の活性化をはかろうとしていたのだ。

ところで先にふれた渡邊さんの建築家としての、海と船へのロマンチシズムは、彼が自由に想像力の翼を広げることのできたこれらのコンペ案において、より鮮明に提示されている。先にあげた「ユーゴスラビア国立オペラハウス群」(1971)の設計では、十数棟の建物が、さながら海上で艦隊を組んで旋回しているような配置計画をみせているし、また、「タンザニア政府の官庁街」(1971)の計画では、各政府の建物が、船が一列に並んで、港に停泊しているように見えたりしている。このように渡邊洋治の海をめぐる幻想は、まさに果てしがない。

ユーゴスラビア国立オペラハウス群　コンペ応募案(1971)

さまざまな無念の想いを抱いて渡邊は突然他界したが、しかし死んではいない

最後に、渡邊さんが数代続いた大工棟梁の家に生まれ、その家系から引継ぎ、同時にその家系を継ぐべき長男でありながら、「家」を捨て、故郷を捨てて、東京へ出てきたことが、彼の建築家としての仕事にどのように反映していたかについてしばらく考えてみたい。

彼の父や祖父たちは、一方で地方には珍しい西洋館を手掛けたりしながらも、やはり基本的には日本に独特の木造の柱・梁構造の建物を得意とする大工棟梁であったと思う。そのことが、独立後しばらくの渡邊さんの設計に、直接、間接に影響を与えている。太い柱や梁を、豪快に軸組に組んで行き、内部にもその構成を露出させ、古い寺院の内部にあるような厳粛で静謐な空間をつくりだす手法は、富士山麓に立つ「十里木の山荘」(1964)や、「山崎邸」(1971)などに鮮かに示されている。また、同じような空間意想が、RC造で実現されるようになると、大きな断面をもつ梁や桁を、複雑に交叉させたり、井桁に組んだりする一連の作品になって現れてくる。たとえば「三多摩砦」(1968)、「井桁の家」(1964)など。

その後、このような柱・梁の直線的で構築的な空間意想は、渡邊さんのコンペ応募案においてさらにスケールが拡大され壮大さの表現を強化していった。そのうちで最も雄大な表現を持ち、巧みなまとまりをみせているのが、「最高裁コンペ」(1969)において〝優秀作品〟に選ばれた彼の応募案であったろう。またすでにこの応募案にも採用されているが、それまでの柱・梁のエレメントを表現上さらに強化するために、そのエレメントを内部に空間をもつ四角い断面のチューブとして作り、それによって建物を構築する、というデザイン手法も現れてきている。「名護市庁舎コンペ案」(1978)、

「万博本部コンペ案」(1967)、「パーレビ国際図書館コンペ案」(1977)など、かなりの数にのぼっている。

渡邊さんが自分の建築に使う、もうひとつの常套句についても触れておかなければならないだろう。その常套句とは、いうまでもなくピロティの表現である。そのピロティの形や構造はさまざまであるが、建築の主空間を大地の表面から離脱させ、持ちあげようとする執拗な意志は、彼の一九六〇年代のどの作品にも色濃くあらわれている。渡邊洋治にとってピロティという手法はどんな意味を持つのであったのだろうか。いうまでもなく、彼の他の表現法と同じように、ここにもル・コルビュジエの影響は明らかだった。ただ渡邊さんには、コルの場合のような都市デザイン的な配慮、つまり都市空間における大地の表面を開放する、というような意図はあまり主要な目的として感じられない。むしろコルが持っていたもうすこし個人的な性向からくるピロティへの傾斜に、渡邊さんのピロティ嗜好はより強く関係していたといえる。つまり、先にふれた〈船〉の持つ性能や形象への関心が、建築を地上にありながらなんとか浮上させ、動かそうとする意欲のなかで、ピロティは彼にとっての特別の手法として結実したのである。それと同時に、彼のピロティは、渡邊洋治自身の〝私小説〟的世界に対する貴重な切断用の武器であったかもしれない。ひとことでいうならば、彼はそれによって、自分自身の「過去」、つまり故郷、家系、自分の青少年期などといったもの一切合財を、彼の「戦前」として清算したのだ。戦中から戦後にかけての〈価値〉の転換を身をもって体験してきた世代の人たちにとって、戦後の設計活動のなかで、ピロティという新しい表現方法が、そのような隠れた意味をおびて歓迎されたのは事実だが、おそらく建築家渡邊洋治にとっても、そうした時代的傾向に全く無関係であったとはいえないであろう。ただ渡邊さんのピロティ

井桁の家（1964）

自邸（渡邊建築事務所ビル）（1962）

龍の砦（1969）

雪国の農家（1967）

十里木の山荘（1964）

が他の一般的な〈近代〉建築家とおおいに違うところは、その次の段階にあったといえる。

　渡邊洋治はいつごろからか、他の多くのコルビュジエ信奉者たちのように、ピロティによって建築空間を一気に〈近代〉へと飛翔させ、建築を完全に「過去」から離陸させ得るとは思わなくなっていたように思える。その心理的屈曲点は、一九六四年の「十里木の山荘」と、六六年の「黒い高床の家」の間に示されている。前者の、鋭く左右に翼をひろげた航空機のような、文字通りいまにも離陸しそうな軽快なエレベーション。対する後者の、黒い巨鳥が翼をひろげ、飛び立とうするけれども、その重量によって飛びたてないでいるとでもいうような、屈折する重いパラペットとバルコニーを持つ立面。後者にみられる、建物を大地へと引寄せる力の表現が、そのまま直接的に作品全体に投影して設計されたのが、翌六七年の「雪国の農家」であった。この「黒い高床の家」以後の渡邊洋治の作品では、ピロティはその上部の建築空間の重みにほとんど押しつぶされそうにしながら耐えているか、あるいは上部の身動きに戸惑いながらついていくようなかたちに変化していく。その決定的な転回を示した作品こそが、他でもないあの「龍の砦」と名付けられた住宅であった。

　ここではじめて渡邊さんの作品に、ゆっくりと上昇する「龍」の姿のような、渦巻あるいは螺旋の平面が登場してきたのだ。

　建築全体を渦巻形のプランにまとめながら、次第にゆるく上昇させていくというアイディアは、かつて青年期において、建築に〈船〉を幻視し、それを地球上の空間に自在に動きまわらせたいと希求していた渡邊さんの建築的想像力の、最も華麗な、最も独創的な、ひとつの到達点であった。パリ「ポンピドゥー・センター」のコンペの応募案、「ベオグラードのオペラハウス群」の全体計画、

ザ・ピーク　コンペ応募案（1983）

そして最晩年の「ザ・ピーク」(1983)へと展開していった軌跡は、渡邊さんの建築家としての想像力の高揚と昇華の軌跡でもあったのだ。

この一連の渦巻タイプの設計のうち、最も熱のこもった、充実した設計はやはり「ポンピドゥー・センター」案ではなかったかと思う。ここには建築家渡邊洋治のすべてが投入されている。もちろんこの応募案が、このコンペの審査員によって選ばれ、現実の建物としてパリの都市空間のスカイラインを切ることは考えられなかったし、渡邊さんもさすがにそういった幸運を夢想したりはしなかっただろう。いずれにせよ、今の社会には渡邊さんの建築的想像力を受入れる素地はほとんど残していない。いいかえれば、建築のデザインのすべてが建築家の個人的な芸術的想像力に収斂しており、その他にあまり強く、技術的、

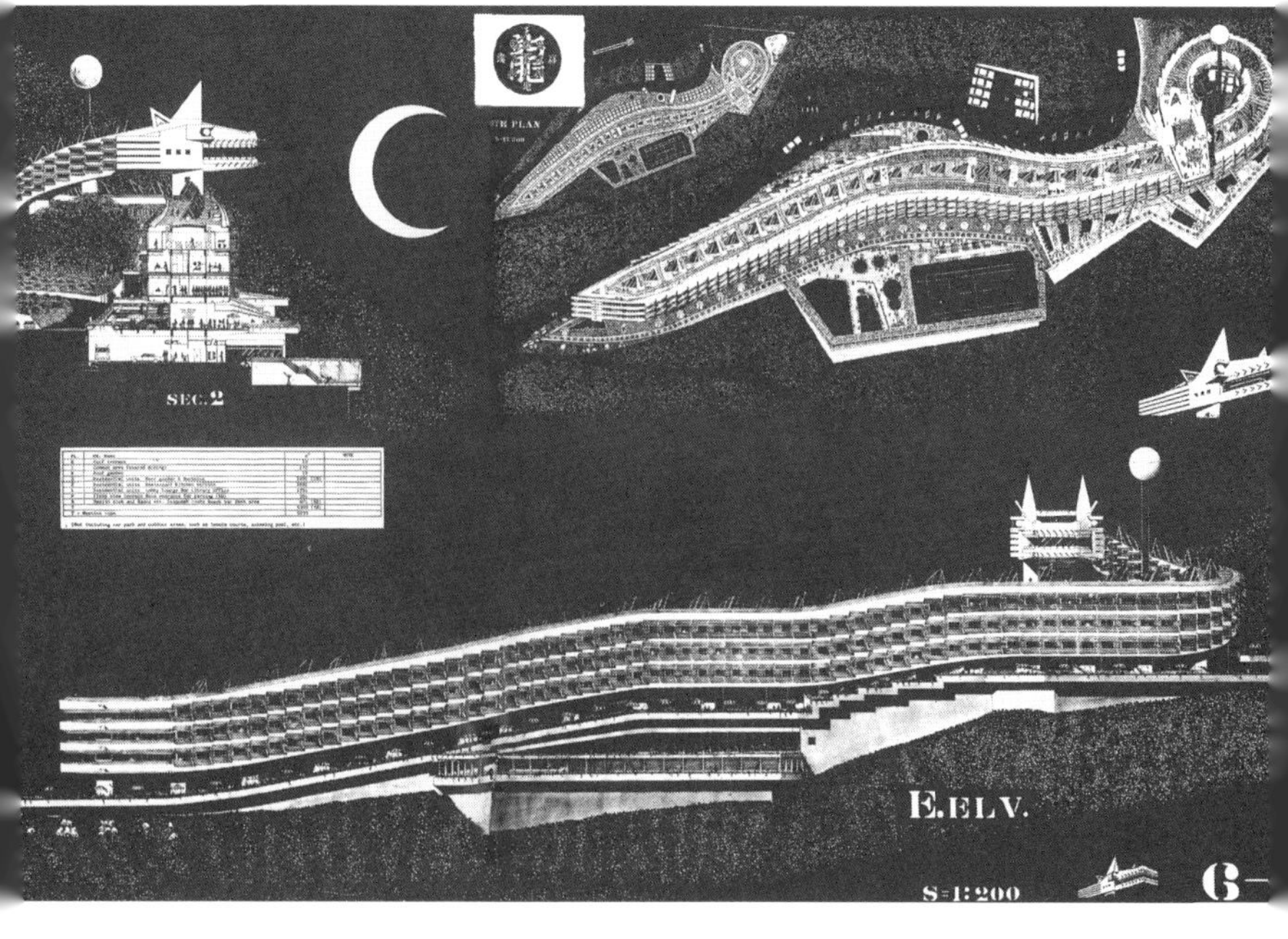

経済的理由づけを行わないような設計を、現在の社会は、自ら咀嚼し、消化していけるほどの強い忍耐力を備えていないのだ。したがって多くの場合、そのかわりに、設計者が、親鳥が雛鳥に餌を嚙んで与えるように、自分の設計を嚙み砕き、論理づけを与えて社会に飲み込ませねばならなくなっている。しかし渡邊さんは最後までそうした〝嚙み砕き〟を拒絶しつづけたし、彼の目から見れば、その種の行為は、本来の意味での建築家には許されない行為、つまり経済や技術や常識への妥協と見えたにちがいない（冒頭でふれたように、私が渡邊さんがもし村野さんのところで設計する機会があったら、と考えてしまう理由も実はそのことと関係がある。個人的で、しかも強烈な想像力を、組織化した社会のなかに滑りこませることについて、村野藤吾ほど慎重かつ大胆な行動のとれる日本近代の建築家はいなかったからである）。

渡邊さんの師、吉阪さんが珍しく自分の〝弟子〟渡邊洋治について書いた短いエッセイのなかで、(4)渡邊さんが彼の研究室でアシスタントをしていた頃、大学院生たちがあだ名をつけて、渡邊さんを「マジラと呼んだ」ことを書いてある。「怪獣が流行している時につけられたこの名は、彼がマジックで、みる間に図面を仕上げていったからである」。

そのエピソードに触発されたせいかもしれないが、私は、彼が一九七一年のパリ「ポンピドゥー・センター」のコンペに応募した時の図面や模型を眺めていると、戦後日本の映画界が生んだあの怪獣映画の不滅のヒーロー、「ゴジラ」のことを思い出さずにはいられない。たとえば応募図書のなかに、例のごとく、真黒にマジック・インキで塗りつぶした空を背景にして、彼の計画案を、エッフェル塔や、アンヴァリッドや、凱旋門などと並べて、そのスケールを比較した図面があるが、パリのスカイラインを破って立つその渦巻形の建物の異様な姿は、まさしく歴史的都市に突然現れた怪獣「ゴジラ」の姿を私に連想させずにはおかない。しかもその巨大なスケールにもかかわらず、渡邊さんのイメージした「ポンピドゥー・センター」は、大都市の空間のなかで、どこか孤独に見え、とまどっているようにも見える。私には、建築家渡邊洋治が構想したこの「ポンピドゥー・センター」の建物が、渡邊さん自身の〈自画像〉のように思えてしかたがないのだ。建築家としての並はずれた力量、つまり構想力、表現力、さらにそれを実際の建物に実現していく実行力、それらすべてにおいて渡邊さんはゆたかな資質にめぐまれていた。にもかかわらず、いやもっと正確にいうならば、彼が個人として備えていたそのような大きな力のせいで、彼の晩年は、建築家として十分に腕をふるえるような仕事らしい仕事にもついに恵まれずに終わってしまったのだ。彼の力量を率直に認め、彼に仕事を任すことのできる施主が、ますます組織化と合理化を推進する日本の社会にはいなくなってしまったのである。「ポンピドゥー・センター」の計画案に読みとれる孤独と戸惑いの影は、渡邊さんが密かに抱いていた、そうした時代の到来に向けての激しい怒りの告白であったのか

ポンピドゥー・センター　コンペ応募案（1971）

もしれない。
建築家渡邊洋治は、さまざまな無念の想いを抱いて突然他界した。しかし彼は死んではいない。南太平洋の核実験によって誕生した巨大な怪獣が、そうした核兵器を生みだした文明に抗議して、くりかえし巨大都市を襲ってそれを破壊する……という「ゴジラ」の主題と同じように、渡邊「マジラ」もまた、複雑さを増す経済や技術に、がんじがらめになってしまった都市や建築を、その呪縛から救い出すために、これからも繰り返し私たちの脳裏に戻ってくるだろう。いいかえれば、社会における建築家の主体性と、建築家の想像力が問われるような時には必ず、マジック・インキで真っ黒に塗りつぶされた虚空の奥から、華麗な作品を引っ提げてやってきて私たちの萎えた心を鼓舞し、激励するにちがいないからである。

（一九八五年記）

［註］

1 渡邊洋治「常に反省と教訓の作品」『建築知識』一九六三年四月号
2 渡邊洋治「私の受けた建築教育」『建築雑誌』一九七六年四月号
3 註2に同じ
4 吉阪隆正「『龍の砦』に想う」『渡邊洋治建築作品集』新建築社 一九八五年十一月

〈天〉に挑まず〈地〉へと志向する

論考——石井修

いしい・おさむ　1922〜2007

奈良県生まれ。1940年、吉野工業学校建築家科卒業後、大林組東京支店に勤め、早稲田高工建築学科で学ぶ。1956年、美建・設計事務所開設。兵庫県西宮市の一連の「目神山の家」（1976〜2007）で知られるように、地形を最大限活かし、住空間と自然環境の共生した建築を数多く手がけた。1999年より兵庫県立淡路景観園芸学校兼任教員。

おもな作品に、あかつき特別養護老人ホーム（1970）、天と地の家（1974）、ドムス香里（1981）、シャルレ本社ビル（1983）、島之内の町屋（1986）、万樹庵（1987）、日本ビソー入道浦研究所（1997）、森の工房AMA（2003）など。日本建築学会賞作品賞（1987）、日本建築家協会25年賞大賞（2002）受賞など。

現代におけるユートピアへの試行

建築家・石井修

後に『住宅特集』という住宅建築専門誌が出るようになる前は、毎年『新建築』誌の二月号と八月号は恒例の〈住宅作品特集号〉となっていた。その中にほとんど毎回のように、「美建・設計事務所」の作品が発表され、そしてそれらの作品には最後に「(石井修)」と署名の付いた簡単な解説が必ずあって、石井修という建築家がそれらの設計を行ったことをさりげなく教えていた。私が最初にこの「美建」と「石井修」の名前を覚えたのは、たしか月評を担当していたころのことだから十年近くも前の一九七〇年代はじめのことになる。「美建」という字面《じづら》のせいにちがいないが、私はてっきり関西にある、あまり大きくない設計施工の工務店かなにかがあるのだろうと思い、そこの設計部に石井さんという腕利きのデザイナーがいて、編集部がその人の仕事に特別の関心を払って掲載しているのだ、というふうに勝手に想像していた。それと共に、私自身個人的な興味を、その一連の仕事のなかに感じていたこともたしかである。大雑把ないい方をあえてするとすれば、でき上がった住宅の持つ風情に普通の工務店の仕事とは違うどこかきちんとしたものがある。そんな印象に、この事務所の作品のなかによく見られる煉瓦や石積みのソリッドな壁面が重像化して、今どきずいぶんしっかりした家をつくるんだなあ、と感心する一方で、ひとつ間違えば大げさで重ったるいものになりそうなところを、どうにか切り抜けている達者な設計者はどんな人なのか、一度会ってみたいし、できたら実際に建築を見てみたいと思ったりしていた。

今回、はからずもその機会を『新建築』のほうから与えられた。西宮の石井さんの家まで出かけて氏に会ってみないか、という誘いを即座に承諾したのだ。その後で、今回はどんな仕事かという私の問いに対して、石井さんが、西宮甲陽園にあるご自分の家のごく近所に、これまで七軒ほどの住宅を完成させており、この後もさらに同じくらいの数の家の設計をする予定があるらしい、それらが完成すると、小規模ながらも、ひとりの建築家が手掛けた〈町づくり〉といったものに展開する可能性があるかも知れない、その辺を取材してきてほしい、という話である。ちょうどそのとき私は、ある新聞の連載のコラムに、佐藤春夫が大正中頃に書いた一種のユートピア小説「美しき町」――外国帰りのある資産家が隅田川河畔に理想の住宅地を建設し、そこに美しい建物も作り、人びとに無料で住まわせようと計画を練る話――にふれて短い文章を書いたばかりであったので、なおさら興味をそそられもしたのだ。

そのときはじめて、編集長の石堂さんから「美建」と「石井修」についての簡単な予備知識をもらった。「美建」というのは建設会社の名前などではなくて、「石井修」の主宰する設計事務所名であること、その事務所は大阪にあり、所員は多分五、六人で、私が考えていたような大きな組織とは無縁の小ぢんまりした規模であること、そして石井さんは一九二二（大正十一）年生まれで、まもなく還暦という世代の人であること、などなど。私の思い違いははなはだしくて、石井さんのことをもっとずっと若い建築家だと考えていたので、正直なところ驚いた。しかしそういわれてみれば、あれだけ安定した仕事を続けるのにはそれくらいのキャリアが必要なのは当然だろうとも思った。しかしその仕事のなかには実際の年齢などよりもはるかに若々しいものが感じられる、特に最近の「ドムス香里」などの集合住宅(1)の設計などを見ているとよけいにそう感じるのだが、そう思うのは単に私だけのことだろうか。

目神山——別荘地のなかの近郊住宅街

ともかく六月半ば、梅雨の合間、珍しく晴天に恵まれた一日、私は石井さんの住まいのある目神山《めがみやま》を訪ねた。

目的地の甲陽園目神山町は傾斜地の上の曲りくねったものすごい坂の上にあった。阪急電車の夙川《しゅくがわ》駅から支線になっている甲陽園線の終点、甲陽園駅の前からタクシーに乗って、「石井さんのところ」というと、それだけですぐわかるらしく運転手は黙って車を動かし始める。そのタクシーが途中で後方にひっくりかえるのではないかと心配になるような坂をいくつか越え、

目神山の十二番坂

また左右に迂曲しながら十分ほど登っていく。下のほうには比較的家が建っているが、登るにしたがってしだいに建物が少なくなり、山林や大きな岩石、そしてところどころ造成後の山肌をさらした宅地の光景などをやり過ごしながらさらに進む。「もうこのすぐ上は桜がきれいな北山貯水池ですワ」と運転手がいうところまで登って右手に折れて少し降りると、そこは石井さんの家の門前であった。遠くに西宮の市街を樹海の間にわずかに見下ろすことができるような高い場所にある、宅地ともいえないような林地がまわりに広がっている。すぐそばに市街地があることが信じられないような山中の雰囲気。しきりに小鳥が囀《さえず》っている。それ以外はほんとうに静かだ。少なくとも石井さんの自邸が面している「十二番坂」と呼ばれる道筋の両側は、どこかの高原の閑静な別荘地の風景を思わせるような雑木林が取り巻いている。月並みだが「別世界」という言葉が頭に浮かぶ。標高二〇〇メートルの別世界。阪神間の住宅地の面白さはこんなところにある。平坦地を占める商業地や住宅地から、急坂を自動車という機械力にたよって登っていくと、思いがけないような自然がまだ残っていたりする。これらの地形と樹林をうまく扱って家を建てていけば、大阪神戸への十分な通勤圏にありながら、毎日の生活を別荘地のような環境のなかで送ることもできる。目神山にはそのような条件がまだ十分に残っていた。いや、もう少し正確にいえば、目神山の一部に、石井さんを初めとする近隣の人たちの苦心によって慎重に自然環境が残されようとしていた、ということになるだろう。というのも同じ目神山であっても、ほかの多くの場所にはブルドーザーやパワーシャベルが入り込み、それが山や樹木を切り削り土地を区画して、「別世界」ならぬおよそ無味乾燥な、つまり日本全国どこにでもあるような郊外住宅地に堕落させているのがかなり目につくからである。そうした傾向のなかで「十二番坂」と呼ばれる道の周辺には、その場所を意図して「別世界」たらしめようと努力している人たちがいることを示している。もしそのような「世界」が可能なことをひとりの建築家が彼の近隣の人たちに気付かせたとしたら、近頃いろいろ世間でいわれながらも、時には非難にさらされている建築家という職業もまんざらではないのではないか、などと考えつつ、私は早速石井さんにその辺の案内をお願いした。

目神山の成立ちとその輪郭は、石井さんの説明を聞くと次のようになる。もともとこの町の一帯は保安林であったが、今から二十年ほど前の一九六〇年頃にこの場所が売りに出された。その頃は宅地になるとはちょっと考えられない場所であったが、その後土地区画整理法によって所有者が組合をつくり、資金を持ち寄って道や電気や水道をつけ住宅地としての基本的な整備をした。現在二〇〇戸ほどの住宅が建っているが、今後三倍以上の家が建つ可能性がある。山肌のところどころに大きな自然石の岩塊が露出していることからもわかるように、山自体が岩山であり、地盤としては決して悪くない。標高一五〇メートルから二二〇メートルの高さにあるこの場所は、一年を通じて平坦地より二、三度温度が低く、夏にクーラーはいらないかわりに、冬季の冷え込みはかなり厳しい。目神山の周辺は東北西の三方向を自然公園に囲まれていて、周辺からの大規模な開発にさらされる恐れはまったくない。阪神間の市街と海岸と大阪湾の海が見えるこの景勝地の自然と景観を、破壊するのも守るのも、結局は住民と土地の所有者の手に任されているかたちになっている。また、風致地区に指定されているが、景観を守るための指定条件は、必ずしも守られていないのが実情である……、等々。

石井さん自身が目神山のこの場所に家を新築して住むようになって五年の歳月が過ぎたという。自邸の建設のとき、かつて同じマンションに住んでいたことから偶然に知り合った友人の玉澤氏と一緒にここに家を建てることを話し合って、二軒を隣り合わせに接して設計し、双生児かなにかのようによく似たプランをつくり同時に完成させた（目神山の家1・石井邸、目神山の家2・玉澤邸（1976））。この工事のときに材料置場に困り、すぐ近くに土地を所有していた榎本氏を初めて訪ね、その土地を一時的に借りた。榎本さんはでき上がった石井・玉澤邸に招かれたときに、その住宅に非常に強い感銘を受け、「これと同じような家を私にもつくって下さい」と依頼して、その結果、一九七八（昭和五三）年秋、榎本邸（目神山の家3）が竣工した。そのような経緯があったせいか、私が見た七軒のうち、この榎本さんの家に一番建築としてのまとまりを感じた。この三軒の家のできばえが、続く四軒分の住宅の設計依頼につながったものらしい。そのうち二軒は「十二番坂」に面し、残りの二軒はさらに高い位置の「十一番坂」の崖面に取り付くように建っている。前にもふれたように、近隣の土地所有者からの同じような設計依頼はこれ以後もさらに続いている。

ル・コルビュジエ主義者として

建築家石井修は、忠実な〈ル・コルビュジエ主義者〉だと書いたら、多分石井さんは苦笑するだろう。実際に彼がつくった建築の形態や空間には、ル・コルビュジエの幾何学的な初期作品を連想させるようなデザインはほとんど示されていない。しかし石井さんの設計には、コルビュジエが今から半世紀以上も前に提示した例の「近代建築の五要点」と一般に呼ばれているもののうちの、主要な要点がなぜかかなり正確に守られている。コルは「ピロティ／屋上庭園／自由なプラン／横長窓／自由なファサード」の五つを近代建築の要点《ポワン》としてあげているが、そのうちでコルが最もこだわったと思われるピロティと屋上庭園のふたつについて、石井修はコル以上に執着しているように見える点が実に興味深い。しかもこのふたつが石井修の設計のきわめて有効な〝武器〟となり、ある意味ではコルさえも想像もしなかったような見事な成功を結果的におさめているのだ。

コルビュジエはピロティや屋上庭園を提唱したときにはきっと、彼自身が生まれ育ったラ・ショー＝ド＝フォンの傾斜地を前提として、これを発想したにちがいないが、彼はそこから出発して、後にその手法を平坦地に展開する近代の大都市の市街地においても有効なものと考えて提案した。したがって、これらは近代の大都市デザインの手法として一般には考えられているが、むしろこの手法が山林地などの地形の起伏が激しく、樹木などの植生の密な場所に家を建てる場合においてこそめざましい効力を発揮するものであることを、石井さんの一連の仕事は私たちに思い出させてくれている。彼は言葉の端々に、ブルドーザーのような機械力が自然の地形を破壊して平坦な宅地を造

石井邸の屋上庭園

成するおろかしさに対する怒りを表わしている。近代の工業技術にしてもそれなりの使いようがあるではないか、と彼はいいたいのだろうと私は察した。

そこで石井さんは、目神山での設計の基本的な方法として、RC造の人工基盤を支柱壁によって持ち上げてつくり、その上に一部は木造架構の屋根を載せた。その他のRC造で全体を造る場合は屋根部分はすべて土を入れていわゆる屋上庭園とし、主にそこを家庭菜園に使うというやり方を採用している。だから空から見下ろしても屋根はうまく周囲の緑に溶け込んでほとんど見分けられない状態に見えるだろう。RC造の基台をつくりながらなぜ建物全体を同じ構造で通さずに、木組架構を取り入れるのか、といった合理主義側からの素朴な疑問もないわけではないが、これについては設計者が杉丸太を組み上げる構造に特別の愛着を持っていたから、としか答えようがない。しかし私が見たかぎりこの構造の二重性は、結果として見事に成功しており、外観ある

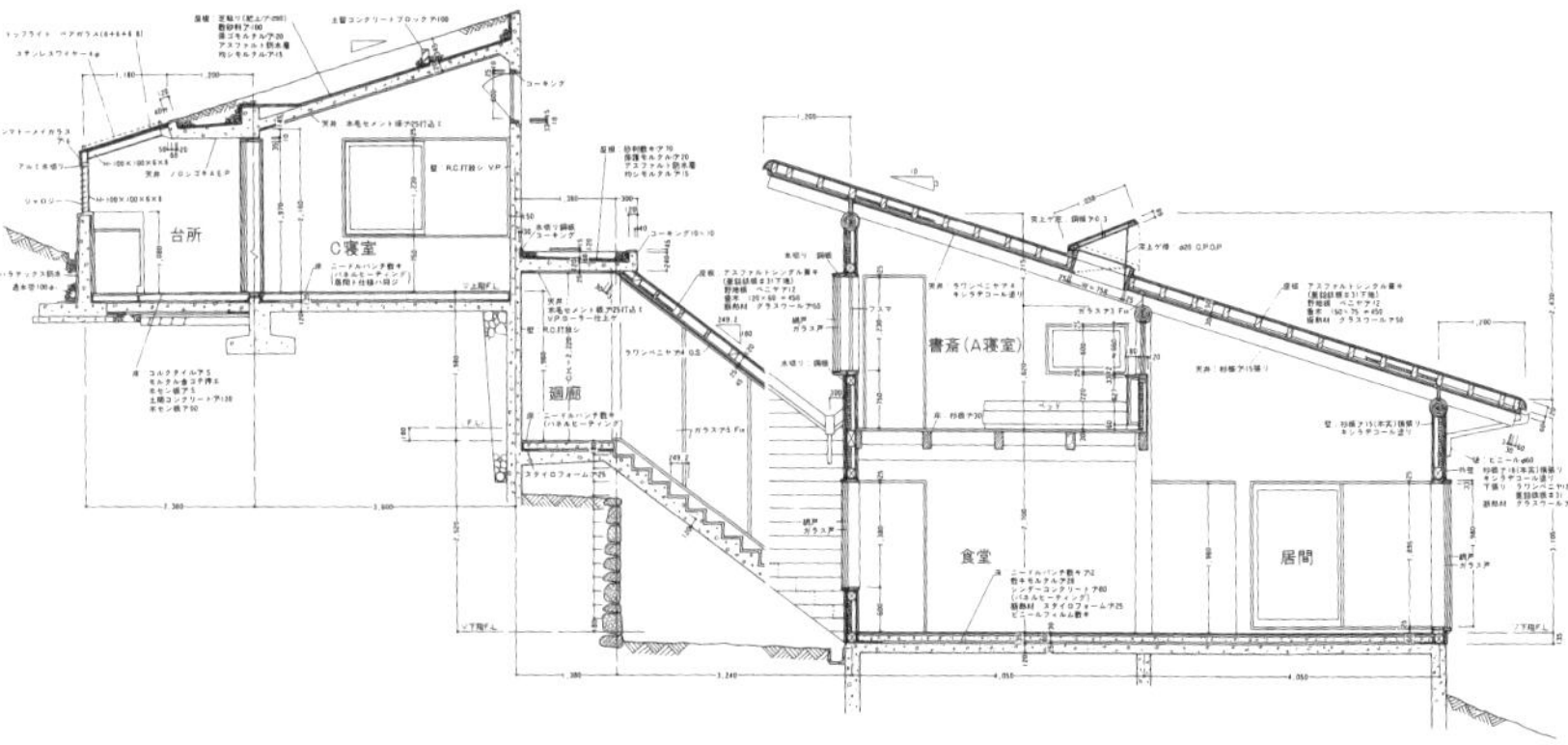

石井邸の断面図

いは内部空間のそれぞれの側面から見て十分に納得のいくものであった。いずれにせよ目神山の一連の住宅は、建築の経済性を眼目として設計されたものではないことだけはたしかである。ただ私が石井さんから聞いた坪単価は、一般の木造あるいはＲＣ造の建築のコストに比較して格段に高いというほどでは決してなかったことを付け加えておこう。

「これはまるでアメリカだね」、と。

傾斜地形をそのまま生かしながらＲＣ基盤をピロティで浮かせて置いていくやり方を採用した結果、石井さんの目神山の一連の住宅を訪れる者を最初に楽しませるのは、それぞれの家に至る独特の変化に富んだアプローチの面白さである。最近の住宅設計では宅地が画一化したのと歩調をあわせて各家へのアプローチ空間に変化がなくなっているが、ここでは日頃忘れてしまった導入路の演出の楽しさをいろいろと思い出させてくれるし、どの家にもそれぞれに心くばりがされている、二軒並んだ玉澤邸と石井邸は、一方が階段を上れば、他方は階段を下って玄関に至る。松広邸（目神山の家6）（1980）の急な階段のアプローチは近くで工事中に出てきた石をふんだんに使って、城砦への道を思わせる。坂東邸（目神山の家5）（1980）はＲ

石井邸の門とアプローチ

Cの陸橋が鉤型に架けられ、さらに池の中の飛石づたいに玄関ドアに至る、といった具合。それらの誘導術はいずれも大げさな演出はなく、門から玄関へはひかえめにという伝統的な関西流のアプローチ術が順守されている。

このように低く押えた気分が、玄関扉を開けてもらい玄関内に招じ入れられると、まず最初の小さな心理的な解放を経験する。それを可能にするのがほとんどの家に用意されている玄関に続く坪庭であり、竹などの垂直性の強い植木が、上から射し込んでくる光を室内に導いている（中庭が取れない場合は吉丸邸（目神山の家4）(1980) のように外の景色で代用させることもある）。この中庭を横に見て奥へ進むと、その家の主室に足を踏み込むことになるわけだが、その空間へ入ると初めての訪問者はたいてい「ホウッ」と小さな嘆声を洩らすことになるであろう。日本の住宅の一般的なスケール感からすれば、かなり圧倒的な感じのする大きな空間量がそこには捉えられていて驚かされずにはおかない。大きな吹き抜けの空間、その空間を架構している太い杉丸太の小屋組。それがない場合には窓外に広い眺望がある。

かつて石井邸を訪問した建築家の吉村順三さんが、その居間に入るなり開口一番、「これはまるでアメリカだね」といわれたとか。なんとなくその言葉に込められた吉村さんの気持ちがわかるような気がする。石井さんはアメリカを訪れたことはまだないとのことなので、もしかしたら彼のこの種の空間作法の源泉は、アントニン・レーモンドの建築あたりにあるのではないかと私は勝手に推測した。もっとも生地のままのレーモンドの明るい杉丸太と違って、石井さんの柱梁はキシラデコールで塗装されていて、彼の故郷の大和の古寺や古い民家のように黒光りしている。

私がその大きな空間の中にいて持った率直な感想は、このスケールの大きい空間を身体化するには、つまり難なく使いこなすには、使う側にそうとうの〝力〟がいる!という点であった。その杉丸太にふさわしいだけの精神と肉体の強靭さが要求されているともいえる。今四十代なかばの私あたりでも、ちょっと「負けそう」な手強さが建築の側にあると感じる。その強さに居住者の側が負けないためには、家族の人数と世代的なバラエティが必要であろう。ひとことでいえば昔の家がそ

石井邸 リヴィング・ルーム

石井邸 書斎

うであったような〝大家族〟的な活気が不可欠であるが、現在のような核家族化が進む傾向のなかで、このような空間がはたして将来どうなっていくか、少し心配でもある。

またリヴィング・ルームの空間量が大きく天井高が高いことのもうひとつの問題は、室内温度の確保という点であり、夏の涼しさは前述の通り問題はないとしても、冬季の暖房効率の低さは避けられないだろう。石井さんはほとんどの場合、灯油ボイラーによる床暖房とコンベクターを用意してそれに備えているが、石油の慢性的な値上り傾向のなかでの「省エネ」を考えると、やはり一考の余地はあると思う。そのせいかどうか、今回雑誌発表される坂東邸、松広邸とも、居間の天井はRC打放しの平天井が採用され、杉丸太で小屋を組んだ日野邸（目神山の家7）(1981)にしても、空間の大きさは以前のシリーズにくらべてずいぶんひかえめに抑えられている。ただ石井さんの設計するリヴィング・ルームの大空間の暖房で効果を発揮しそうなのは、どの家にも設置されている暖炉であり、冬の夜、薪のはじける音を聞きながら家族でくつろぐときなど、なんともいえないものがあるにちがいない。うらやましいと思った。薪は周辺の山から結構拾ってくることができるという。とはいっても、毎日暖炉を焚くとなると、掃除など主婦の手間は結構大変にちがいない。若くて元気のいいお手伝いさんを簡単にみつけることなど絶望的な今、大きな家に住むということにはそれなりの覚悟がいるようだ。特に主婦にとっては。

このほかに石井さんの住宅で教えられたのは、開口部の開閉に伴う建具などのおさまりの安定感であった。石井さんは、アルミなどの工業化されたサッシュを意識的に避けており、木製サッシュいわゆる木建《もくたて》に徹底してこだわっている。隙き間風の防ぎ方、戸袋へのおさまり、あるいは動きのよさといった点において、吉村（順三）さんや西澤（文隆）さんのそれのようにトリッキーではないけれども、堅実そのもので私は好感を持った。ただ私がちょっと気にしたのは、石井さんの住宅ではガラス面の外側に雨戸とか鎧戸とか、ソリッドな感じのする建具を入れることがほとんどなく、ガラスが直接外部に露出している点であり、山の中という場所柄から考えて「用心」という点で、主に心理的な不安が起きないだろうかと心配になったことは書いておく。

植民者たちの〈美しき町〉——初原性への志向

最後に、今回見学した一連の住宅のなかでの和室の扱いだけは、私には結局最後までよくわからなかった。石井さんが数寄屋の木割りや空間を意識的に避けているのはわかったが、それとは別の何かの表現にまで昇華しているかといえば、榎本邸の茶室のほかは、もうひとつ納得できないものが残る。設計者自身にある種のとまどいのようなものがあるのではないか、といったらいいすぎになるだろうか。石井さんの設計観には、建築をつくることに関する一切の定式化、様式化、規則化といったことを拒絶して、初原的に家をつくることに重点を置く考えがあることがわかる。この場合の〈初原的《プライマリー》〉とは、形態や空間のことではなく、人間が建物をつくること、ないしは建築そのものの〈原始性《プライマリー》〉である。だからこそ彼は、ブルドーザーなどの機械力による一方的な整地を拒み、ヴァナキュラーな丸太の小屋組を愛し、木製建具に固執し、暖炉の火の原始的な暖かさを住宅に取り入れようとしたりするのだ。そのような彼の〈初原性〉好みに対して、日本人が和室を見るときに、無意識のうちにかかわっている歴史性とか定形性といったものが立ちはだかってやはり邪魔をする。そのいざこざが彼の和風の扱いに投影しているともいえないことはないだろう。

しかし、いずれにせよ石井さんの建築を支えている真髄が、そうした初原性というか原始性というか、建物を組み立て上げることの原理への顧慮にあることは間違いのないところである。このことは、現在のように建築がますます工業生産化し、また工業製品が建物の内外に大きな〝顔〟をしてあふれている状態のなかで非常に貴重である。それは建築についての古典的な考えというよりも、むしろ言葉の正確な意味でコロニアル（植民的）なもしくはヴァナキュラー（土着的）な企てと呼ぶのがふさわしいのではないか。たとえば開拓地の植民者たちが、荒野のなかにいて、自然に対して自らの肉体の力で働きかけ、やがて定植していくときに実現する建築のような初原性を持っている。そう考えてくれれば吉村さんが「これはアメリカだ」といった言葉も素直にうなずくことができるだろう。

よく知られているように、戦前の阪神間には、塩屋のジェームズ山とか夙川とか、主に外国人居住者たちが植民的な感覚のもとでつくったと思われるすぐれた住宅地が残されている。そうした伝統を継ぐかのように、今また目神山の尾根に新たな意欲的な植民者たちが、それぞれの「新しき村」「美しき町」を構想しながら、地道な努力を続けているのはほほえましいし、すばらしい。

「正直なところこんな立派な家に住めることになろうとは思ってもいなかったし、また自然に恵まれた暮しをできるとも考えなかったんですがね。夢みたいです」と私を見つめながら語るある住人の話を聞きながら、知恵と想像力とちょっとした幸運さえあれば、すっかり塞がれたように思える『ユートピア』への抜け道も私たちに結構残されているのではないか、と妙に楽天的な気分に包まれて私はその日一日とても愉快だった。

（一九八一年記）

《天と地》の相克

作品からも、また石井さんに実際に会っていても、まったくそんな印象を受けないから、単に生年月日から判断して、彼を初老の年代の建築家、といった表現をすることはほとんど意味のないことだ。しかし建築家石井修は、六十代半ばになってようやく、「目神山の一連の住宅」で日本建築学会賞を受賞し、それに続いて、吉田五十八賞（佳作賞）も受けて、一躍脚光をあびるようになった。遅咲きの花。なぜ石井がもっと早い時期に、この種の全国的に知られた賞の対象者にならなかったか、不思議な気さえする。しかしそれまで一部の支持者からは常に仕事振りを注目され、熱烈に支持されながらも、活動の場が限られていたせいもあって、関西の建築関係者や施主の間でしか知られていなかった一人の設計者の充実した活動が、これらの受賞を契機に、たんに建築界だけでなく、広く一般にも知られるようになった。しかも彼の考えや手法が、強い共感と理解をもって人びとに迎えられたことは、前からの石井ファンの一人として、非常に嬉しいことである。特に今回の賞の対象になった西宮市甲陽園の、目神山と呼ばれる比較的自然環境に恵まれた丘陵地域の、たった一本の道筋に面した住宅地で、石井がこの十年ほどのあいだに継続的に設計した、九棟（まもなく十棟目が完成する）の住宅の実現過程とその内容は、ある時はテレビ番組の取材対象となり、また週刊誌あるいは月刊誌等の様々な記事となって、全国的に伝えられて話題になった。実際こうしたマスコミの喧伝によって、それまでほとんどなかった関西以外の地方からの熱心な住宅設計の依頼が石井さんのもとへ相次いで、設計者を戸惑わせ、いつも柔和な建築家の顔を苦笑させてもいるらしい。

こうした世間一般の関心の高まりのなかで、石井は目神山をはじめとするこれまでの作品についての、インタヴューや対談あるいは座談を数多くこなして、自分の設計観といったものを積極的に披瀝している。そのなかで最近の彼が、建築家としてとくに心がけていると強調するいくつかの点が、今日の一般的な都市生活者が日頃感じているある種の《餓え》のようなものの在り場所を結果的に直撃し、彼らの渇《かつ》を癒すような効果を与えている。だからなおさらその発言は読者や視聴者の関心と反響を呼んだ。彼は、大都市のなか、あるいはその周辺の郊外地において、設計者あるいは施主の意欲次第で、今の一般的な都市住宅の場合よりも、もっと自然に密着した、特に植物の緑に濃密に触れた暮らしを送ることができるはずだ、と公言し、同時に数多くの自分の作品の中で、設計者として彼が実際に試みた結果を具体的に示した。それらの作品は、彼が手掛けてきた目神山の場合のような、大都市郊外のいわゆる戸建て住宅の場合だけにかぎらない。最近の大阪の「島之内の町家」では中庭や屋上庭園の配置によって緑を取り入れ、あるいは「ドムス淀川」(1979)や「ドムス香里」(1981)などの集合住宅でも同じような試みをみせている。また神戸ポート・アイランドの「シャルレ本社ビル」(1983)のようなオフィスビルの場合でも、考え方は変わらないことを鮮やかに実証してみせた。とくに「ドムス淀川」や「シャルレ本社ビル」でデザインした、いわばフラワーポット・・・・・・・・の建築化、といった試みは、意表を衝く出色の解決であった。

こういう発想の展開のなかで、彼は日ごろからこだわり続けてきた、もう一つの要点をあきらかにする。つまり、建築に使う素材も、自然材を大切にしたいと述べ、特に木材の(なかでも杉等の丸太材)

の構成が、小屋組や柱として建築の内部に見えることからくる、日本人にあたえる心理的な安心感を力説したのである。この種の表現として、私が知っている初期のものとしては、一九六八年の「アトリエのある家」があるが、ここではまだ後の石井の室内を特徴づける、独立柱の表現はどちらかといえば控え目である。この家のコンセプトをそのまま発展させたのが、「あかつき特別養護老人ホーム」の聖堂(1970)だろう。この作品の場合もそうだが、石井の設計では、木材を好むといっても、メインになる軀体の構造は、鉄筋コンクリート造である場合が多い。その軀体を前提にしながら、その上にきわめて効果的に木造の架構を組み込むのを得意にしている。これらの手法を徹底して使って成功しているのが、石井自身の自邸である「回帰草庵」(1976)をはじめとする一連の目神山の住宅や「医王庵」(1982)であったことは、あらためていうまでもないことだろう。

以上の点を強調しながら、石井は今度は逆に、建物の外観はできるだけ環境の中へ沈み込ませ、視覚的には控え目であるように心がけているといい、「私は、家というのは道路から目につかないほうがいいんじゃないかとおもっている」ことを、さまざまな場所で繰り返し語っている。「目神山で共通するものは、自然がそのまま残っている中に住もうとすることです。ですから、自然の破壊はできるだけ食い止めたい。極端に言えば、緑の中、本当の自然の中に住む以上は、そこに仮の宿を作らせてもらうんだというくらいの謙虚な気持ちがなければいけない。とにかく、起伏とか地形とかは一〇〇パーセント生かす。家を建てる部分だけは平らにするが、それ以外は風景とするにしても、対比するのではなく、そこに同化してしまうようにしています。(中略)ですから私はよく言うんです。建物は外観はいらない。外観は内部を作るからできるわけで、内部さえちゃんとしていれば、外は形がなくてもいいんだと。私の家にしても、道路からは、家の存在はほとんど分かりません。(2)」

今日のいわゆる《ポスト・モダン》の建築思潮――かつての《モダニズム》の建築によって引き起こされた「時空の連続性の切断」からの回復作業、つまり自然環境の生態学的持続性や、人工環境の歴史的継続性を無視して、建築や都市を造ろうとする試みの無意味さを認識するが故の、反省と出直し工作――の世界的趨勢のなかにあっては、石井のこのような主張や姿勢は、乾いた砂に水が浸透していくように、ごく素直に、文字通り自然に理解され、社会に受け入れられたといえよう。日本の建築界の現実の状況を考えると、石井の意見には、かなり過激なものがふくまれているのも事実だが、しかしこうした発言自体は格別目新しくもなく、格別に独創的なものでもなく、ある意味では当たり前の

石井邸の屋上庭園

ことであるし、石井自身も、当たり前のことをごく当たり前に処理しようとしているだけのことだ、と聞こえるように人々に話している。ただそうした考えを実行し、表現して見せたことの持つ重みや迫力はやはり格別のものがあった。もうひとつ、私たちが忘れてはならないのは、彼が、設計活動の最初から《モダニズム》とは無縁なところで仕事をし、若い頃から一貫して、最近の発言にあるような、〝力みのない〟態度で設計してきた建築家であったわけではなかった、という事実である。言いかえれば、石井にはかつて大いに〝力んで〟設計をしていた時期があり、その〝力み〟が今の〝力の抜けた〟姿の隠れたこやしとなって助けているように思われる。このことを理解しないかぎりは、最近の彼のやや老成し過ぎた感じの強い発言の奥に隠れている、驚くほどの若さだとか、アイディアを表現するための情熱とか、周囲に対するひそかな怒りとか、表に出さないほんとうの辛辣さといったものの真意を見逃してしまうことになるだろう。要するに、石井の最近の発言は、彼の建築家としての長い試行錯誤の果ての到達点、結論として出てきたものなのだ。その意味では、彼がそうした結論に至る過程に本当の面白さがあるはずだから、この小論では、その辺を主に考えてみたいと思う。

石井修と都市としての奈良

だがその前に、石井をこのような到達点に導いていった目に見えない磁力、あるいは吸引力といったものについて、私たちは一応の予備知識を得ておくことも必要だろう。当然のことながら、そうした力の多くは、一人のもの作りが制作者としての経歴を始める以前の段階での基礎的な経験に深くかかわっている。それはこの建築家の場合も例外ではない。私はいまだに石井自身の口から、彼の経歴について直接詳しい話を取材したことがないから、一般に紹介されている略歴以上の知識は持ちあわせないが、やはり彼が日本の古代史の最初の舞台ともいうべき、奈良県明日香村に生まれ、やがて奈良に出て、奈良師範の附属小学校（現、奈良教育大附属小学校）に六年間通学した、という少年期の経歴を、私たちは注目しておくべきだと考える。彼はある建築家との対談のなかで、奈良公園のすぐ近くに自分が通った小学校があったことを回想し、「奈良公園自体が自分の行動範囲に入っていた」ことの意味を自ら説き明かしている。「日本で自慢できる公園といえば、奈良公園ぐらいしかないいんじゃないでしょうかね。歴史的な建造物の文化財をもちながら、なおかつ自然の庭園がうまく取り入れられている奈良公園は、いつもわたしの原風景と言うか、一つの大きな手本だと思います」、と真情を吐露している。(3)

極端に言えば、この短いコメントを通じて、石井の今現在の境地、先に触れた長い遍歴の末の一つの到達点が、じつは彼の出発点への回帰であったことを私たちは理解するだろう。石井が強い関心を抱いている問題のすべての原点がここにある、という率直な感慨が私にはある。私はかねがね、石井が抱く都市環境あるいは建築環境のイメージのなかに、今世紀の初頭のヨーロッパでさかんに建設された、「ガーデン・シティ」あるいは「ガーデン・サバーブ」のコンセプトや環境に似たものがあるのを不思議に思っていたが、考えてみれば、奈良という都市は見事なそれの先例であったとも考えられるのだ。たしかに彼が通学した師範学校に隣接する付属小学校から北に歩けば、すぐにあの奈良公園の緑地のなかに入っていく。都市のなかのガーデン。奈良盆地を取り囲む山々と、市街地に隣接する春日山や若草山のような丘からなだらかに傾斜して行く斜面。そこに古くから立っている年輪を重ねた樹木や、曲折する遊歩道や、点在する大小の池。こういったもののあいだに、そびえる歴史的な大建造物、すなわち春日大社のような神の社や、東大寺のような大伽藍の建築物の、多彩な構成やピクチャレスクな姿を遠く近く見ることができる。やがてその伸びやかな調子が市街地に入って、一転して都市特有の活気を帯びて賑やかになる。エベネザー・ハワードのいう「タウンとカントリーの結婚」という意味でいえば、まさに奈良という都市は日本の庭園都市《ガーデン・シティ》の原型といえなくもない。距離的には近いが、京都には、この奈良のもつようなゆったりとしたスケールと感覚はない。奈良にはカントリーの性格がより強く入り込んでいるためだろう。こうしたゆったりしたカントリー的性格とスケール感が、そのまま石井のデザイン上の感覚と、彼自身の体軀に投影しているところがいかにも面白い。いいかえれば、目神山の十一番坂から十二番坂にかけて石井がつくったガーデン・サバーブ（緑園郊外住宅地）的環境は、彼がイギリスなどのそれを参照した結果として生まれ出たわけではまったくなく、彼がひそかに〝小さな奈良〟を作ろうとして出来上がったものだったことが明らかになってくる。

石井の建築設計における奈良の投影は、まだ他にも見出すことができる。先に触れたように、彼は丸太材による木構造の構成を、インテリア空間に露出させて、視覚化することを非常に好んでいることはよく知られているが、この性向の原点は、奈良盆地の大和造りの民家の空間の記憶のほかにも、もっと直接的な残像として、東大寺の諸建築にみられるような、仏教寺院のインテリアの、スケールの大きい原理的な木材の組み立ての記憶があったにちがいない、と私は推測するがどうだろうか。

「私は東大は出ませんが、東大寺を出ました」といった駄洒落を、一度石井に言わせてみたい気がするほどだ。つまらない冗談はともかく、石井の略歴をみると、日本の建築ジャーナリズムを賑わせている大多数の建築家たちと違って、彼は通常の大学における建築教育を受けた経験をもたないことに気づく。十三歳の時、吉野工業学校に入学し、五年の課程を終えて、昭和十五年、同校を卒業、十八歳で大林組東京支店に入った。彼の建築家としての成功への道程のスタートは、かならずしも順調で平坦なものではなかったのかもしれない。ただ現在の石井は、そのことが自分にとって結果的に幸運であったと考えていると語っている。「今の教育と違って、昔自分が通った工業学校は、五年制の三年生くらいから、ひとりずつに大工道具をあてがわれました。大きな箱で、その中にはいまの大工さんがもっているよりもっとたくさんの鋸や、おおきなチョウナ、カンナから全部あるわけです。それで柱と梁のホゾづくり、もっと難しい規矩術、墨出し、いろいろやらされました。そういうことを三年の間に体得しました(4)」。この話を読んですぐに思い出すのは、日本のモダニズムを先導した巨匠の一人、山口文象の少年期における建築修業の回想である。山口も家庭の事情があって、大学教育への道を断念し、職工学校に入って、いまでいう中学生にあたる頃から、大工道具を使うための教育を受け、生徒たちで卒業制作として住宅一軒を建てたりした、と語ったのを直接聞いたことがある。石井もまた、同じような経験を工業学校時代に持っているという。これと類似の経歴は、佐藤秀三の場合にもあり、彼の戦前のヴァナキュラリズムを思わせる木造建築の原点になっている（いずれも『建築の出自』所収）。

石井は先の話に続けてこう話す。「いまの建築教育、大学教育はそういうことから切り離されて、全部が学者になるのならいいですけど、実際われわれのようなものつくりの場合は、大学教育はあまり役にたっていないわけですから……」。石井の仕事のなかに強く漂う、近代の工業主義社会に対する批判精神は、すでにここらあたりで強固な基盤を築いていた。と同時に、自分の身体で検証したり共鳴できないことは一切疑ってかかるという、底の浅さがすぐに見えてしまうような観念論を嫌う強靭な精神もそこに由来している。自分の設計する家に使う材料を見つけるために、実際に山に入るという彼の体には、少しおおげさにいえば、いにしえの奈良の都の匠人の血を引き継いだ部分があるといえるかもしれない。目神山の経験を背景にして、石井はこんな発言もしている。「千里にしても泉北にしても役所が主導権を握ってやってますし、とくに千里の場合は東大系の方がほぼマスタープランをやったわけですね、だから学問的ではあるけれども実際の物づくりのいわゆる職人的発想ではないんですね。もっと職人的な発想を大事にして行かないと……職人というのは、割合人間を大事にしますからね、従って物も大事にしますから、ずいぶん変わると思います」。その通りだ！

過去の建築から学ぶ

無理矢理にこじつけようとするわけではないが、建築が都市や自然環境のなかでとるべき姿についての石井の考え方のなかにも、古都奈良の古建築や民家のありかたが、間接直接にかかわりをもっていると私は思う。これらの建築形態や色彩は、大切に手入れされた自然環境のもつ恵まれた緑のなかに、ほとんど埋もれるようにして立っているが、いざ近づいてそれに直面すると、広大な天空の下で風雨に長い歳月を晒されながら生き残ってきた底力のようなものを漂わせて、毅然とした風格を見る者に印象づける。このような建物に囲まれて多感な少年時代を送ったはずの一人の工業学校生に、古建築や民家がもつ視覚的あるいは空間的な力への憧憬が心のうちに沸いてこなかったとは考えにくいのだ。たとえば前出の山口文象の場合がそうだ。彼を、一介の職工学校の優等生から、日本の近代建築史を代表するようなすぐれた建築家の位置にまで押し上げた原動力は、おそらくある部分は浅草で宮大工だった父親から引き継ぎ、また山口自身の言葉では、彼が京都奈良の古社寺や茶席を実際に歩いて磨いたというすばらしい造形力に原点があったのではなかったか。石井が私淑した吉村順三の場合も、ほとんど毎週のように土曜から日曜にかけて、京都奈良を歩いて学んだ中学時代の逸話がよく知られているが、おなじようなことが石井修にもいえるはずである。

石井のその種の造形力のほとばしりは、おそらく彼が日本の建築ジャーナリズムのうえに登場する最初の作品だったと思われる、一九六二年の住宅作品「T氏邸」に、もっとも如実に、もっとも新鮮にあらわれている。巨人の唇のように、二枚の湾曲して向かい合う鉄筋コンクリートのスラブをピロティによって大胆に持ち上げたこの作品は、石井がちょうど四十歳の時のものである。天井裏と床下に空気層をたっぷりとったこの建築の断面の独創性は、いま見ても色あせずに、見る者を唸らせるものがあるが、外観の形も同じような迫力をもっている。どこかでル・コルビュジエ、または前川國男、いや吉阪隆正、はたまた菊竹清訓、横山公男などの仕事を連想させながらも、その内部が完全な和風の処理がされているところなど、大学で建築教育を受けた建築家たちの、主義やコンセプトに基盤を置いたデザインとはひと味ちがって、まさに石井修そのもののデザインである。一九六〇年代から七〇年代の中頃にかけての石井の多くの作品は、当時の建築界の一般的な傾向を受けて——要するにたどっていけばル・コルビュジエの影響だが——、できるだけプランを幾何学的な単純形態にまとめて、それによって、エレヴェーションの「光のなかではっきり見える」効果を強調しようとしている。菊竹の「スカイハウス」の影響を思わせる「青山台の家」(1967)、ハーフ・ティンバーの外壁が美しい「アトリエのある家」(同)、続いて「T氏邸」で石井がみせた《円弧》好みを別の形で追いかけた「あかつき特別養護老人ホーム」(1970)。さらには切妻のファサードに彫りの深さを与えた「画家の家」(1972)、工事中に出てきた石を大胆に貼った陰影のある「石壁の家」(1974)。これらはいずれも建築形態の執拗な追求者としての石井の側面と、それをきわどいところで破綻なくまとめてみせる能力を実証する作品群である。

ところがちょうど一九七四年頃、つまり今世紀も最後の四半期に入ろうとするまさにその時期に、石井修の建築家としての設計手法に、一大転換が起こったように思える。ちなみに戦後の日本経済を根底から揺るがした、あの《オイル・ショック》が起こったのが、前年の一九七三年であったことは、彼のこの転換に全く無関係だったとは思われない。そこで具体的に彼の作品でその転換点を示すとすれば、おなじ一九七四年の作品である「石壁の家」と「天と地の家」の間にあるように思われる。「石壁の家」は、その前年に完成した山本忠司の「瀬戸内海歴史民族資料館」の石による外装の影響があったかもしれないが、山本の石の扱いがあくまでRCの外装材として処理されているのにたいして、石井はより石自体の重さを上から下に伝えて行く組積造的な扱いに注意をはらっている点に大きな違いがある。それはともかく、石井はここではじめて、自然材料としての石材を大量に使い、《建築と大地との連続性》もしくは《親和性》という課題にあえて直面するようになっていったのだ。この石壁による《連続性》の開示という手法は、その後、「炉の家」(1977)を通って、「剣谷の家」(1982)の屈折するアプローチを擁護する壁に解体していくことで、一つの結論に到達する。

その《親和性》の課題にもっと直接的に立ち向かった結果生まれたのが、同じ年の「天と地の家」(1974)である。建築を大地のなかに埋め込んでしまおうとするような執拗な意志の表明がここにはある。いいかえれば、石井がかつて「T氏邸」(1962)や「青山台」(1967)や「あかつき特別養護老人ホーム」(1970)や「画家の家」(1972)において、力強くピロティによって地上から持ち上げ、《天空》において謳い上げていた建築

カトリック大阪教区司祭の家(1985)

美学を、今度は足で地面のなかに踏み付け、減り込ませようとするかのように、全く逆の方向の《地》の底の方へと向ける決意を示したのだ。同じ一九七四年には、相田武文の「ＰＬ学園幼稚園」が完成して、石井が「天と地の家」で試みた主題と類似の問題への解決をさぐったが、その後相田はなぜかこのテーマを放棄してしまっている。これに対して石井は、自分の五十代以後のメイン・テーマとして据えて、この課題を執拗に追及する。つまり彼は、「天と地」を、現在の建築的境地への出発点としたということができる。

天への意志と地への志向

その二年後、石井は大阪市内で同じマンションに住んでいた友人と共同で、かねて取得しておいた目神山の項上に近い地点の、相当にきつい斜面の宅地に、友人と自分の家族が、上下に隣りあって住む二軒の住宅を完成した。彼のいう「目神山の家1」および「2」である。この二軒の住まいの竣工以後、同じ十二番坂およびそれに直結する十一番坂に土地を買った人たちが次々と設計を依頼してくるようになって、先に触れたように、これまでに十軒の石井の設計の家ができたことは、いまでは広く知られている。石井は自邸と友人の家の設計のときに、道路面から下って行く急傾斜の斜面が、平坦に造成された敷地で試みた「天と地の家」のテーマの一層の展開に、かえって好都合であることを巧みに利用した。つまり建物を人の目から隠して、地面に潜ったように見せたい、という彼にとっての新しい表現の局面に、それが恰好の場所であることに内心ほくそ笑んだにちがいない。別な角度からそれを解説するなら、パリ時代以降のル・コルビュジエが行ったように、大地から建築物を切り放すために使っていた柱脚《ピロティ》方式を、今度はコルの生まれ故郷の斜面のような〝不機嫌な大地〟との親密さの可能性をさぐる手段として活用する手法へと転換して見事に成功した。しかしこの章の最初に断わっておいたように、石井は建物を人の目にできるだけ目立たないように建てる心がけはしたが、建築形態がもつ表現力をも同時に放棄したわけでは決してなかった。そこには石井が三十代から四十代にかけて発揮した形態の誇示力――《天》への意志――と、五十代以後の抑止力――《地》への志向――の葛藤が隠されていて、彼の建築そのものに、彼の年齢からは想像もできない〝若さ〟を与えることに成功しているのだ。ついでながら、デザインの〝若さ〟ということでいうならば、目神山のシリーズのうちで、細長いコンクリートのラッパのような、「8番」の家が出色な出来映えである。ここにはかなり細長く

目神山の家8（1983）

変形の困難な敷地条件に立ち向かう石井の設計者としての驚嘆すべき柔軟さがいかんなく発揮されている。

こうした成功に勇気づけられた石井は、この頃から、住宅地を南面する雛段状に造成して販売することの愚を、厳しい調子で批判しはじめた。この石井の意見を、日本の建築設計、都市計画、土木、あるいは開発業の関係者たちは、ほとんどそのまま聴き流しているのが現状だが、おそらく戦後の住宅行政や住宅産業に向けた、最も重要な提言のひとつではなかったか、と私には思われてならない。もともと日本は平坦な土地の少ない国である。石井の提言は、あるいは今後の住宅地開発の、まったく新しいパターンの貴重な予言になるかもしれないし、またぜひともそういう方向に進むべきであると思う。

また石井は斜面を生かしながら建物を建てていくことを試みる過程で、それまでの単純な幾何形態にプランをまとめようとする、モダニズムの精神に付属するある種の脅迫観念から自らを解放することにも成功している。部屋をそれぞれの機能にしたがって独立させながら置いていき、それを水平、垂直に伸びる廊下や階段で結んで最終的にスケールのある居間の空間を核としてまとめあげ、

道路へと向かう石井邸のアプローチ

その間にいくつか中庭を配して行く、展開型のゆったりしたプランを多用するようになった。こうしてこの文章の最初の部分で紹介したような、石井の、緑に取り囲まれ、道路面からは目立たない、生き物が営む巣のように自然の中に隠れ、内部に伸びやかさと居心地の良さがあふれる建築が生まれてきたのである。したがって、こうなると、建物の外形よりもデザイン的に目立ってくるのは、道路面と斜面の上と下にある建物の間をつなぐアプローチの小道の過程であり、石井は目神山の住宅において、短いもので十メートル前後から、長いものでなんと五〇メートルを超える接近路を、さまざまなやり方で演出して楽しんでいる。

十九世紀の末から二十世紀のはじめにかけて、イギリスをはじめとするヨーロッパ各国で、「ガーデン・シティ」あるいは「ガーデン・サバーブ」のさかんな建設が行われたことについて先にちょっと触れたが、今また二十世紀の世紀末から二一世紀にかけて、一世紀前の実験を引き継ぎながら、ここで新たな「タウンとカントリーの結婚」の可能性が探られようとしている。そうでなければ、地球上の住宅問題は永遠に解決しないで終わると考えられるからだ。なぜならハワードが厳しく警告しているように、巨大都市への人口の集中と、そこでの住宅問題の解決という課題は、互いに矛盾する問題として、解決を見いだせないまま、最終的に破局に向かうことが必然だからである。こうした局面での、石井修の「職人的」な「ガーデン」手法は、非常に貴重だし、そこにはある種の活路といったものを、私たちに示しているところがあって、これからも彼の仕事から目が離せない。

（一九八八年記）

［註］

1 「ドムス香里」『新建築』新建築社　一九八一年五月号

2 『日経アーキテクチュア』一九八六年十二月十五日号の「いんたびゅー」から

3 『まちなみ』八六〇二号「対談：大阪のまちなみづくり」大阪建築士事務所協会刊より

4 「見えないように〈家〉をつくる」『住宅特集』新建築社　一九八七年七月号

目にみえぬ〈引力〉と対峙するうちに

論考——倉俣史朗

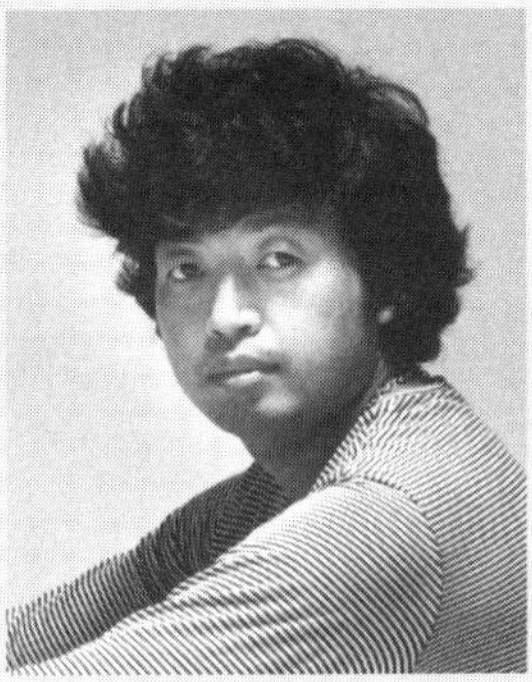

くらまた・しろう　1934〜91

東京都生まれ。1953年、都立工芸高校木材科卒業、1956年桑沢デザイン研究所リビングデザイン科卒業。三愛、松屋を経て、1965年クラマタデザイン事務所設立。1970年発表の「Furniture in Irregular Forms」で世界に認知され、家具・インテリアデザイナーとして広く活躍。その傑出した独創性で「クラマタ・ショック」という言葉まで生まれた。80年代の革新的デザイン運動「メンフィス」に参加。エキスパンデッドメタルのアームチェア「How High the Moon」(1986)、アクリル樹脂に造花を閉じ込めた「Miss Blanche」(1988)などの名作で伝説を残した。同時にエドワーズ(1969)、カリオカビルディング(1971)など商業建築・インテリアデザインで一世を風靡した。フランス文化省芸術文化勲章(1990)のほかに受賞多数。

舞台に踞る

一九七三年二月十六日、青山に完成したVANのかわいいホールを使って、夜の九時から深夜までひらかれた、倉俣史朗氏の「毎日デザイン賞」受賞を祝う会には、内輪の会にもかかわらず一〇〇人をこえる彼の親しい友人たちが集まった。私もそこにいたが、その会の冒頭にとても愉快な光景があって集まった者を楽しませた。これは「祝う会」をあえて俗悪さを主題にして進行させた実行委員たちの演出のお手柄に帰すべき出来事であったが、とにかくその会はホールの客席に坐った私たちが、舞台上にデンと置かれた椅子の上に倉俣夫妻を拍手でむかえることによって幕が開く手筈になっていたはずだった。ところが出迎える拍手が鳴っても倉俣氏が舞台にあらわれてこない。夫人が舞台の袖から手を引くようにしてつれだし、やっと私たちの前に姿をあらわした当夜の主人公は、満場の笑いの渦のなか、司会者にうながされて椅子にともかくついたのだが、今度は恥ずかしいのかこちらの方を見ないで、うつむいて下を見たきりその姿勢を崩そうとしない。お祝いの言葉を幾人かのデザイン界の大先輩たちがのべ、それが終るたびに低くした頭をさらに低くしてペコリとおじぎをして彼は返礼し、その間に時々ポケットからハンカチを取り出して額の汗をぬぐったりする。生まれてはじめて酒に酔って気分をわるくした若い女の子かなにかのように、いまにもうずくまりそうにしながら彼は執拗に床をみている。私たちは倉俣氏の例のモジャモジャ頭の毛をながめたまま坐り、とにかく〝儀式〟は進行したが、それも終りそうになると、舞台正面で大きなカメラに三脚をすえて、夫妻の晴姿を写真にとろうと助手つきで待ちかまえていたカメラマンで、今日の主役の親友の小川隆之氏が、半分あきれてほとんど哀願するかのような声の調子で「倉俣さーん、顔をあげてようー」といった時には、またみんながゲラゲラと笑い出してしまった。私自身も倉俣氏のその姿勢にいいかげんにあきてきて、ちょうどあの倉俣氏の家具につきものの姿といえる、引き出された抽き出しの内側のようにも見える舞台をそのままバックステージへ押し込んで、ひそかにねずみ男を憧憬するこの男を、視線の矢のとどかぬ場所、閉められた抽き出しの暗闇へと解放してやりたくなっていた。しかしそれにしても遂に、倉俣氏は幕がおりるまで一度も顔をあげないでしまったのには、正直驚いた。だからおそらく小川氏がその時撮ったフィルムのなかにはクラさんの顔の表情を撮影したカットは一コマもなかったはずだ。

愉快な気分で私は思った。「きかん気の人だなあ」と。そう思ったのは実は、その数日前に私は倉俣氏から「ぼくは子供のころ、母親から、おまえは素直でない、素直でない、といわれながら育ったんですよ」という話を聞かされていたからであり、なぜかさっきの舞台上のうつむいた姿を崩さなかった倉俣氏の姿に、幼年期から少年期にいたる彼が、母親のまえでとっていたポーズを彷彿とさせるようだ、と感じたからであった。祝い酒を飲みながら楽しくなってきた私はこの時、もう大分まえから『商店建築』の編集長の本多美昭さんに約束していて果たしていない「倉俣史朗論」といった文章を書くいいきっかけをつかんだような気がした。前に私はその雑誌で倉俣氏の仕事についてほんのちょっとふれたことがあり、いつかゆっくりと倉俣論を書きたいと思いながらいたが、そう思って彼との間でいろいろ話していると、遠くからはっきり見えたと思った山の全容が、その斜面にとりついたとたんにまったくわからなくなるのと同じように、だんだんと倉俣像が不鮮明になってゆれ動き、それまでの私の把握がほとんど全面的に意味のないもののようにさえ考えられてきて自信がなくなり、無意識にその仕事から逃げ、遠ざかろうとしていた自分がいたのだ。とにかく書きはじめよう。昔描いた倉俣像が消えたのなら、もう一度最初から、いわば英雄の伝記作者のようなつもりで、当人の話をききだして書きとめてみるのもいいだろうと。

たしかに倉俣氏は、年齢は別にして日本の戦後のデザイン界を掻き回した度合いからすれば、もう「伝記」のひとつも書かれていい人物であろう。というのもこの人ぐらい自分の仕事のまわりに、伝・説・えられたさまざまな風説を身に纏いながら仕事をしてきた人も少ないからだ。

その種の伝説、風説を思いつくままにここでとりあげてみてもよい。最も手近なところで『商店建築』誌の今年の正月号の、デザイナーたちによる座談会「経験主義を超えるクリエーションを発見しえたか」を読んでみればいいだろう。全篇いたるところに〝倉俣〟の文字が出てくる。しかもこの座談会の副題は次のようになっている。「われわれはまだ〝倉俣〟を超えるボキャブラリーを持ってはいない」！　このように倉俣氏は風説そのもののなかにいて自分自身を風化させ、まさに「伝説」にとりまかれる。いわく、彼の仕事は非常にコンセプチュアルな内容を持っているために、浅学非才な、金もうけしか考えない企業家や商売人たちに、完成とほとんど同時に破壊されるか改装改築される運命を彼はいつも背負ってデザインしている。この「伝説」の裏面として、彼は施主の希望などは一切考慮しない、現場もあまりのぞこうとしない、施主とはほとんど電話かガラス越しにしか話さないような、ある種の横暴さをウリにしている。だからこそ彼は設計をはじめる前に契約を結びたがるし、いわゆるプレゼンテーションを拒否する。クライアントよ注意せよ、あいつの手にかかったらどんなことをされるかわからないぞ……という恐怖「伝説」も背後にピッタリと寄りそっているのだ。これに似たもので倉俣の設計料は非常に高いという伝説もあるし、それにしたがって、ヤツはすごく儲けているという風説もある。

こういう下世話の噂話のような「伝説」以外にもまだ風説はある。たとえば、彼はアートとデザインの分裂を総合する、ものつくりの新しいタイプのヒーローである。あるいは、彼は単なるものつくりとしての立場から離陸して、社会や政治の世界に積極的な発言を行い、いわば政治としてのデザインといった立場から、戦後日本の社会のいろいろな歪みを告発しようとして身がまえている、等々。

このように乱雑に列記していったら、まだこの先を続けることができるだろうが、私はむしろここで、これらの「伝説」をもう少し整理しておいた後、彼の「伝記作者」としての仕事をはじめることにしようと思う。

投稿——胸さわぐ内面

倉俣氏の仕事の一部が施主の意向によって、作られてからあまり時間もたたないうちに改装される憂き目に会っていること、逆にいえばそうした厳しい反感をクライアントの側からしばしば引き出しているという事実は、おそらくだれも否定できないことであろう。これについての倉俣氏自身の弁明は、後で私はちゃんと書くつもりだが、これはともかく事実は事実であり、これは「伝説」ではない。ただ「伝説」の気配があるとすれば、そのような目にあう彼の仕事の件数にあり、一般には彼が中心的な仕事としてやっているショップ・デザインの大半がそういう悲劇におそわれているかのように思われているが、実際は（設計者自身の解説によれば）つぶされたのはせいぜい二割ぐらいのものなのだ。ただ、ある意味で当然のことなのだが、彼の仕事の場合は、そのような場面が起こると、非常に劇的な光景を私たちに提供する。その強烈な印象が重像していくうちに、なんだか倉俣氏はいつでもそうした悲劇（もしくは喜劇）にとりまかれているように思えてくるのだろう。

彼の仕事の〝受難〟の模様をあざやかに私たちに印象づけたのは、三年ほどまえに完成した銀座の「マーケット・ワン」（1970）のＦＲＰのファサードが、完成後すぐ取りはらわれ、夢の島で焼かれて、設計者が「黒煙をあげてもえている姿を思い、たいへんショックをうけた」と伝えられたケースや、先年完成したばかりの同じ銀座の建築「カリオカ」（1971）が建築雑誌などにそれが掲載されるかされないうちに別の店舗設計家によって、重要な部分が改装されてしまったといった話である。これほど極端な仕打ちではなくても、まだ他にもこれに似たケースがあり、彼のディスプレイ・デザインの最も鋭利なデザインであると多くの人に注目されたエドワーズ本社の「ショウ・ルーム」（1969）もいまはすでに無いし、またクラブのインテリア・デザインとして出色だといわれた（私は見ていない）「クラブ・ジャド」（1969）も失われている。

メンズショップ　マーケットワン（1970）

この種の改装や破壊は、倉俣氏の仕事が主に商店建築とよばれているジャンルに集中している以上、ある意味ではライフ・サイクルが短いのは当然であり、そうなるのは正常な新陳代謝であるといえるかもしれないが、しかし彼の場合にはその作品が生きた時間がいかにも短いし、また彼の仕事としてその設計上の意想が最も尖鋭に出た作品が、集中砲火をあびるように殺されている点に、例の悲喜劇性がなおさら強調されることになるのだ。

　もう一つの風説として私が重要だと思うのは、ちかごろ倉俣氏のみせる、いわゆる政治への強い関心、と呼んでよさそうな傾向である。彼は非常によく本を読んでいる。最近の読書熱をさらにたかめたのは、本多勝一の一連の著作、特に中国で日本軍が行った事件を暴露した一連の本である。彼は一頁一頁をめくるのがほんとうにつらい、といいながら出版された全部の本を読破したという。また教科書問題にも関心が強い。今彼は羽仁五郎の『アウシュビッツの時代』を読んでいる。そのような彼の〝真面目な〟気持がやがてデザイン関係の雑誌への投稿という行為になってあらわれた。具体的な例をあげれば、昨年建築雑誌上に発表された岡田新一氏の最高裁判所の実施計画案の模型写真を見て、すぐに雑誌社に書き送った投書などが好例である（これは彼がある雑誌に投稿したが断わられたことを知った宮脇檀氏が『新建築』へそれを紹介してやっと活字になった経緯がある）。これは一読の価値のある非常に鋭い示唆に満ちた文章だが、そのなかで彼はその模型写真を見た時、武田泰淳の『ひかりごけ』を思い出したと書いて、次のように続けている。

「それは難波し漂流した数人の船員が人肉を食い、最後に生きのこった船長が裁かれる話であるが、最高裁模型の権威主義的概念は、その本の記憶から一歩も出ない。いや、より権威的、より宗教的様相を深めた（それゆえに採用されたのであるが）このリアルな模型が頭のなかで重複し、疑問へと変わっていった。
設計者には発想の時点、いや常の思索のなかで『人が人を裁く』という根源的な問いかけがはたしてあったのだろうか……。私は大変疑問に思う。もしあったとすればこのような尊大な形として抽出されなかったのではなかろうか、と。[1]」

倉俣氏のこの文章を読んで、あの文章を書くのが苦手で大嫌いな倉俣さんが、と驚いたのは、おそらく私一人ではなかったに違いない。今ここでは彼が近い将来建設が始まるだろう最高裁の模型にむけて言っていることの内容の可否は問わないことにしても、その気魄《きはく》には文章書きが商売の私なども、ちょっと圧倒されそうになる。

「頭脳不明晰な私には岡田氏の深遠なる理論はわからない……ただ、ただ、直感的、本能的、動物的臭覚においてこの模型からある種の恐ろしさと危険を感じる。防衛問題、教育問題（『教科書黒書』を読むと背すじがうすら寒さを感じる）、警察権の問題など、ちょうど満潮時の潮のごとくひたひたと増してくる軍国のきな臭さと同質の不安と危険を感じる。」

「そして最後に、いま、これらに対し口を閉ざすことなく語りあわねば、時期喪失の恐れがあるのではないかと……」

倉俣氏はしばしば、「ぼくは直感的にしかものをつかめない」と私たちにいうのだが、その「直感的、本能的、動物的臭覚」が、彼の内面に強い胸さわぎをいつも与えているのがよくわかる。

彼はまた同じころ『デザイン』誌に「メモ」と題してグラフィカルな数頁をつくり、同じような問題を訴えている。全体に彼のいう動物的臭覚とデザイナーらしい視覚判断の鋭敏さが、あふれている構成であるが、私にとってそのなかで一番印象にのこったのは、いわゆる「連合赤軍」の指名手配の大型顔写真をならべ、逮捕者にマジックインキで×《バツ》印をつけた、交番らしきものを写した小川隆之氏の写真の横に、彼が次のような文章を自筆で書いている見開き頁であった。

「この×印は強烈な印象でありショックであった。

×印の向側から〝一丁上り〟の声が聞こえるような気がする。

しかし、×印がふえるとだんだん慣れてしまうが、実は、この慣れ慣らされ、が一番怖いのではあるまいか。

この×印に内在する意味は非常に怖い。

我々も×印の向側に対し、×印をつけなくてはならない。検挙、検閲が、天下の検にならないうちに。[2]」

整理整列——見果てぬ夢か？

私の予感では、といってもまだきわめて曖昧なものに過ぎないのだが、この文章に書かれていることは、倉俣氏のすべてのデザインの意味を解く上で、重要な鍵となるものを含んでいるような気がする。それについて書くのはもう少しあとにするにしても、倉俣氏のデザイナーとして、というよりも一人の生活者としての意識のなかには、その手配写真の陳列のように、何かが、どこからかやってくる強い力によって、並べたてられ、そのように整列したものにむけてその力が一方的な暴力をふるう場面に対する、極端に鋭敏な感覚面（彼のいう「直感的、本能的、動物的臭覚」）が用意されていることが、それからわかるからである。手配写真にかぎらず、最高裁の模型が示した空間的内容に彼がふるえたのも、「人が人を裁く」ことを忘れた例の強い力が、被告にむかって「おまえは悪いやつだ」と理由もなしにきめつけるのにふさわしい舞台としての性格を彼がそこに感取したからに違いないし、もっと直接的な関心として彼をとらえてはなさない「大東亜戦争」中の日本人による中国人大量虐殺事件としても、それが彼の脳裏に残虐としか呼びようのない無謀な日本の軍事的な力と、人種的に整理され、整列させられた中国人たちと間の、一方的な死の宣告と殺戮の、吐き気をもよおさせる暴力の図式のせいなのだ。

私が推測するのに、倉俣氏のデザインのほとんどすべてのものの奥に、あの全く無意味な死を強制された中国人の場合と同じような、整理され、整列させられたものの世界があるように思えてならない。

そのことを最も端的に私たちが了解できるのは、彼が設計した一連の家具のデザインであろう。

それらは主に数多くの抽出しをそなえたボックス型の物入れであることが多いが、しかし一般によく知られているような単に抽出しタイプのものだけでなく、開き戸をもつ収納家具や、壁にすえつける棚や、椅子や照明具などもふくんで、ひとつのジャンルを形成し、ほとんど壮観と呼べるほどの仕事の厚みを示している。しかしここではわかりやすさの点から、例の抽出しタイプのシリーズ家具に限定して考えてもいいだろう。それらの家具が機能もまた視覚的な表現も、結局先に私が指摘した、整理と整列を最も基本的な内容としていることは、それを見たものはただちに理解するであろう。抽出しが、その本来の機能からいって、雑多なものをそれぞれの分類手法にしたがって整理し、収納するものであることはだれでも日常的に知っている。倉俣氏の収納家具ももちろんこの初原的な機能を十分に満足させながら、抽出しを胎内へと孕んでいくのであるが、ただ彼の家具の場合の基本的な特徴は、このようにして内蔵された抽出しを、できるだけ鮮明な姿、できるだけ簡潔なイメージにおいて、整列させねばデザイナーとしての倉俣は気がすまないとでもいいたげな風情なのである。一般論としての家具は、それがその胎内にどれだけ多くの抽出しを内蔵していても、必ずしもその抽出しのそれぞれを一定の秩序において整然と定位させていることを強調する義務は課せられていない。逆に伝統的な和家具などの場合には、抽出しが複雑な木目模様のなかに目地線を消失させ、わずかに金具などの存在によってその位置を暗示するのがむしろ高級とされる場合さえあるくらいである。しかし倉俣氏の家具では、抽出しの位置の消失は厳密に回避されているし、その結果としてそれぞれの抽出しは自分自身の位置を全体のなかで明確に指示され、家具の総体がつくり出す幾何学的なパターンに不可欠な要素となって厳密に組織されているのだ（多分倉俣氏が家具の仕上りにおいて目地に異常なほど神経をつかう理由のひとつもここら辺りにあるだろう）。

以上のようにして倉俣氏の抽出しタイプの家具は、実に見事な整理と整列の相貌を、その家具のファサードに刻印して私たちの前に登場する（このような性格は先にもふれたように抽出し家具に限られるのではなく、その他の家具にも様々な形で刻印されていることを忘れてはならない）。先にもふれたが倉俣氏が最も親しい友人の一人としてよく協働で仕事をしているカメラマンの小川隆之氏が撮影した、一連の抽出しタイプの家具を横一列に並べた美しい写真を目にすると、私がいつでもそこから連想するのは、どこかの軍港に整列した一大艦隊の姿といったものである。高さと大きさにしたがって中央から左右へと厳しい序列をもって居並ぶ家具群が、それぞれの単位のなかにデコラ板の間の細い目地線によって分割された大小様々な白い面積を持ち、主にその大きさによってそれぞれの位置を指定されてきちんとおさまっている。それはちょうど、空母から巡洋艦、駆

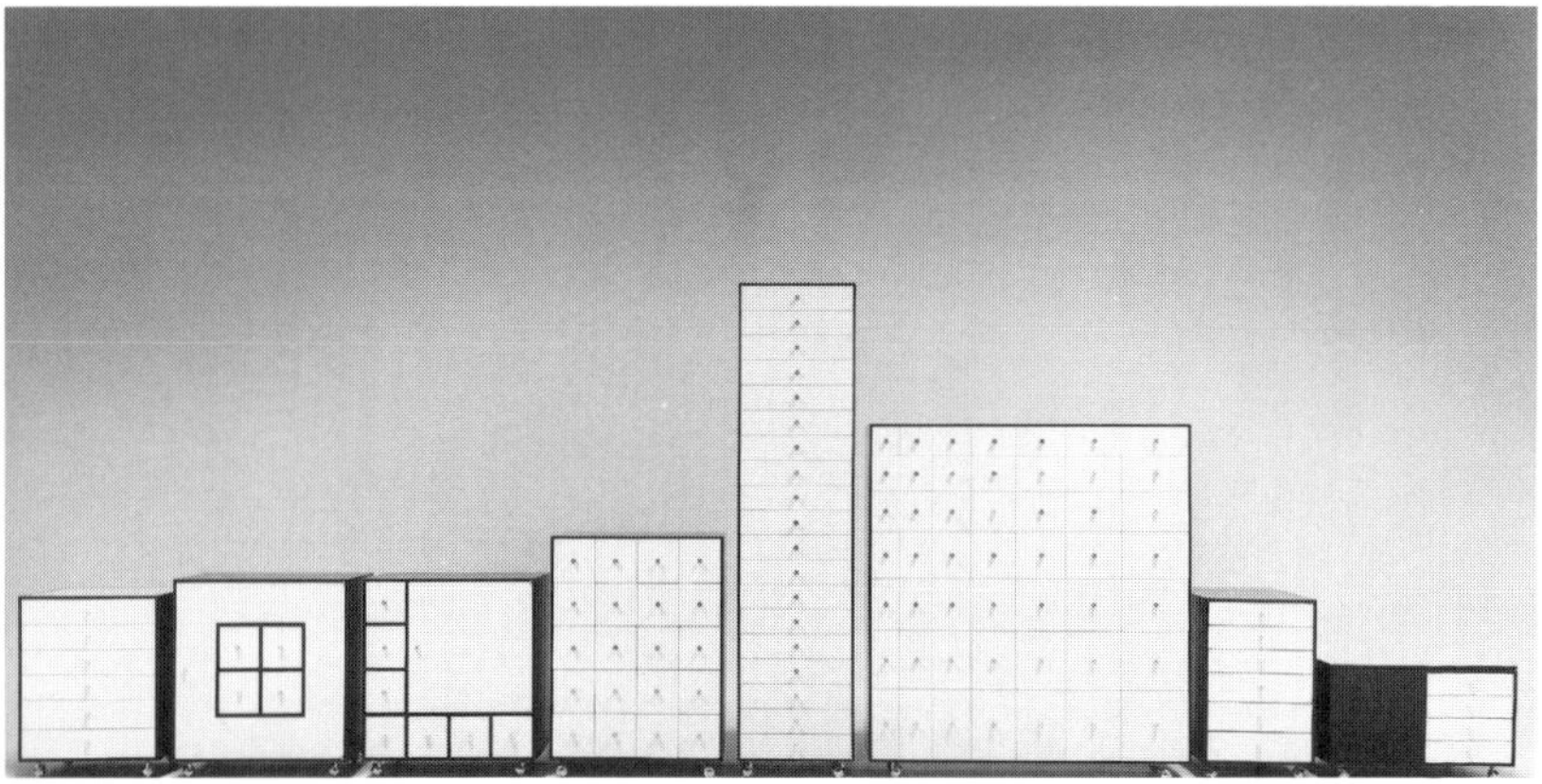

抽出しの家具（1970）

逐艦、潜水艦へと系列化し、それぞれの甲板に艦長から水兵にいたるまでの白い制服姿の兵員の整列をみるような、制御された美しさを私に与える。これは、おそらく父親の影響で、子供の頃海軍に入りたかったという倉俣氏の見果てぬ夢の再現であったのだろうか。それと同時に、この光景になんとも表現し難い美しさを感取する私や、そしてこうした光景の創造者であるデザイナーの倉俣氏は、ともにこれらの抽出し家具を前にして、大連合艦隊の総指揮官、なんとか元帥の光輝ある位置を夢想して、悦に入って楽しんでいるのだろうか。

実は私にとって、そしておそらく制作者である倉俣氏自身にとっても、事実は全く逆なのだ。そのことを明確にするためにも、同じような問題をとらえた、多木浩二氏の倉俣史朗論をここでしばらく紹介させてもらわねばならない。

アイロニーか

多木氏はそのなかで、倉俣氏と抽出しの関係について、次のような非常に正確な判断を下している。「倉俣の家具のなかに〈抽出し〉が繰り返しあらわれるのは、単に家具としての必要機能からではなさそうに思える。それが、彼の幼児体験に発するのかどうかは私の知ったことではないが、そこには彼によって生きられた次元が現われているように思えるのである」。「それは分析不可能なひとかたまりの内密なイメージであり、そこにはものをみるというより彼の肉体をみる思いがする」[3]。

多木氏は抽出しについてのバシュラールの説を簡単に紹介した後、次のように結論づける。

「しかし抽出しとは彼（バシュラール）のいうように分類のメタフォアだろうか。明快に整理されたものを管理するシステムのイメージなのか。もしそうだとすれば倉俣の抽出しは、またもやアイロニーとなる。というのは、もはやほとんど無制限にくりかえされる抽出しは整理や管理のイメージでないばかりか、果てしない分析の蟻地獄を暗喩するのであるからだ。つまりそれは合理的制度へのアイロニーだともいえるのだ。彼においてはこの抽出しは、説明のつかぬもの、彼自身にも理解できない内部のイメージであり、生の基本的なイメージと見なした方が正確なのではなかろうか。そしてアイロニーであるとしても、そのほこ先は説明のつく、分類可能な、計量化される生活に対してむけられるので、抽出しそのものにむけられるのではないようにも見える。」

ここでの多木氏は倉俣的デザイン世界の基調としてアイロニーの存在を重視するような口調で語っている。たとえばスプリングの椅子は「椅子のきまりきった構法に対するアイロニーなのである」といった具合に。「このアイロニー（ユーモアとナンセンスともいえる美学）はそれによって機能から遠ざかるどころか、人間の行動の環境のかくれた層にはるかに直接的に近づいている。そうみてくれば家具へのアイロニーであるというよりはむしろ日常的な生活そのものへのアイロニーといったほうが正確かもしれない」とも書いている。

変型の家具（1970）

以上に要約した、多木氏の倉俣氏の制作への視界はとても重要なものを私たちに暗示しているし、特に彼の仕事にアイロニーを見る視座は、当然倉俣的世界にたちむかうものにうかんでくる最初の感想であることは、認めないわけにはいかないだろう。私自身もそのような判断の視座の多くの部分に同意できるものを感じるし、なるほどとうなずく点もかなりある。

ただ私の個人的な推測では、倉俣氏の家具を中心とした様々な仕事には「日常的な生活そのものへのアイロニー」を目ざして作られたものは必ずしも多くないように思う。これは倉俣氏自身が私に語ってくれたことなのだが、彼も自分の制作について、そこにアイロニーがあるとすれば、それは結果としてであって目的としたためではないだろう、と語っていたことをそのまま私は受け入れる。もしかしたら誰かが「アイロニー（ユーモアともナンセンスともいえる美学）」といったものは、いつでも結果であってそれを目的とした時には実現するものではないさ、といったとすれば、それはおそらく嘘になる。私の個人的な考えでは（多木氏が倉俣論で明確なアイロニーの定義をしているわけではないので個人的な感想でカンベンしてもらうが）仮にアイロニーを課せられた（あるいはそれに対応した）ものは、家具であろうが美術品であろうが、それにむかう者の内面を何かのかたちで蹴飛ばすのだ。その蹴飛ばしがこちらの意識にガツンとくるものか、グチャッとくるか、あるいはベトベトした手応えを呼ぶものかの違いはあっても、打ち叩かれるのはこちらである。倉俣氏の仕事、あの抽出しシリーズにしても、またはたの他のインテリア・デザイン的な作品にしても、そうしたこちらの内部を打ち叩く何かが、本質的な性向として含まれているだろうかと考える。私も実際にそれが全くないとはいわない。ある時にはそれでしかないと思わせるような強烈な蹴飛ばしを私にくわせる作品もある。

しかし全体的にみて、また倉俣氏のそばで彼の行動を垣間見つつ私が思うには、彼の作品はアイロニーを呼ぶような蹴飛ばしは逆に避けよう避けようとしているようであり、むしろ蹴飛ばされるのは、こちらではなく、彼の仕事そのものなのだ！　今私はここで彼の仕事がこわされたり改装されたりする事実を表面的に皮肉っているのでは決してない。そのような事態をもふくめて、彼の作品には、アイロニーの出現する契機とは逆のもの、蹴飛ばされ殺られることを、その存在の核心としている要因が隠されていることを、ここで是非とも示しておきたかっただけなのである。

今仮に抽出し家具を例にとって考えてみても、もし倉俣氏にそれらの家具を彼が射出するアイロニーの対応物にしようとする意志があったとすれば、彼はもっと切れ味のいい手法を発揮するのではなかろうか。たとえば素人の私が最も原始的な手法として思いつくものといえば、どれかの抽出しが引き出せないようにするとか、あるいは一つの抽出しを動かすと手をふれない他の多くの抽出しがいっせいに動き出すとか、または表面からは見えないが接触するとただちに欠落を実現したり、まったく思いもかけない方向へ引き出されてきたりする……、といった具合に。しかし倉俣氏は、私が思いつくようなこんな単純な仕掛けよりも、もっと複雑な仕掛けをいくらも考えることができるにもかかわらず、そうした可能性に、彼はほとんど関心をむけなかったし、また将来もそうしたことはおそらく決してやらないにちがいない。

さらにまたバシュラール風の抽出し観をもとにすれば、多木氏の指摘するように「果てしない分析の蟻地獄」のような抽出し群を、ほんとうに自分の家具のなかに倉俣氏は作ることもできただろう。しかし逆に倉俣氏の家具は「蟻地獄」とはまったく逆に整理と整列をいつでも最も基本的な表情としてきた理由が何であったかを、私たちはもう少し慎重に考えてみなければならないだろう。それは多分賢明な多木氏もくりかえして念を押している通りに、制作者である「倉俣氏の彼自身にも理解できない内部のイメージであり、生の基本的なイメージ」からくる何ものかによっている、のにちがいないのだ。

だから私は倉俣氏の伝記作者として、多木氏のように「彼の幼児体験に発するのかどうか、私の知ったことではないが」とはとりあえずいわないで、倉俣氏自身の生いたちのなかでの「体験」へのいくつかの質問を、彼に直接ぶつけてみる気になったのである。

アクリル——消え失せたいという欲望

倉俣氏を前にしておしゃべりをしている時に、彼の横顔をみたりすると、私は必ずといっていいくらいある古いミニアチュールのなかの画像を思い出して、似てるなあとひとりで内心うれしがる。それはヨーロッパ中世初期俗にいうカロリンガ朝〝ルネッサンス期〟の代表的な写本のひとつである「ランスの大司教エボの福音書」の有名な装飾頁「聖マタイ像」なのだ。直接的には聖マタイの生きもののような巻き毛と倉俣氏の日本人ばなれのしたくせ毛の類似からくる私の連想だろうが、その他にもふっくらとした顔の輪郭とか、ちょっぴり垂れ目のところなどが、私の低級な諧謔心をいつもくすぐるのだ。そしてそれらの細部を別にしても「聖マタイ」が机にむかってキリストが残した福音の数々を伝えようと懸命に文章を書いている姿と、製図板にむかって自分の意想をどう仕事のなかに盛り込むべきかと苦労する倉俣氏の姿が、そのまま私の頭のなかできれいにオーバーラップしてモンタージュされるのである。キリスト教の基礎をつくった四人の福音者の一人を、現代の日本のデザイナーの一人にモンタージュするのはおそらく本人の倉俣氏もテレルだろうし、読者もまたオーバーなと笑うかもしれない。私もそのイメージのポテンシャリティの落差を認めないわけではないが、しかし必ずしもこの類似は伝記作者の論外なホラの始まりでもないと思っている。「聖マタイ」はキリストの受難の生涯を羊皮紙の上に書き留めた後、自らも殉教の道を選んだと伝えられているが、それと内容を異にするにしても、倉俣氏もまた一種の〝受難〟の人であり〝殉教〟の人であるのではないか、というまだ読者に十分に説明を加えていない私の憶測が伏線としてそこにあるからだ。

聖マタイ像

とにかく私はある時は喫茶店のテーブルごしに、ある時は電話線のなかで、倉俣氏に向かいノートをひろげ、あるいは酒で活性化させて私の脳細胞をひろげ、くりかえしインタヴューを試みてきた。そのノートや私の脳の記憶の中で、デザイナーの倉俣史朗はやがて唯のクラマタとなり、私の同世代人の「仕事と生活と意見」に変身してほどばしり出る。倉俣氏はよく「ぼくは昭和九年の十一月生まれだ」といって笑う。つまり昭和ヒトケタに整理されてもこまるしといってフタケタの整列の先頭に立つのでもない、ということを彼はひとまず確認しておいてもらいたいらしいのだ。

その意味ではここでも倉俣氏はひとつの〝目地〟、つまり世代的な境界線にいて、その〝目地〟であることによって、私をもつつみ込んでクラマタになる（以下のクラマタ氏の発言のいわゆる「文責」はあくまでインタヴュアーの私にある。発言内容は九〇パーセント以上倉俣氏のものだと保証するが、即物的な言葉がその通り彼の口から出たかどうかは速記者ではない私には保証できない。それはクラマタの発言として、ある種のフィクションとして読まれたほうが気が楽だ）。

――クラマタさんは子供のころ、親からずいぶん「素直でない」といわれたそうですね。

クラマタ▩ついこの間オフクロにあった時も、またいってましたよ。おまえはほんとに素直じゃなくて苦労したと。今はすっかり素直になってますがね。

――それはどうかな。今でも同じじゃないかな。その辺についてはあとでじっくり聞かせてもらうことにして、ちょっとぼくの感じを先にいわせてもらいたいんだけど、多木さんが倉俣さんの家具の仕事に、日常的な生活に対するアイロニーといったものがある、としてとらえた文章を書いてますね。ぼくはそれにヒントを得たんですけれど、アイロニー irony と全く同じスペルだけれど、意味も発音も、語源もちがう irony（鉄のような）というのがあるでしょう。そういう意味で何かアイロニーというのは鉄の工業生産が本格化した一九世紀特有の概念のような先入観がぼくにはあって、クラマタさんの仕事についてその言葉を使うのはどうもぴったりこないように感じる。クラマタさんは鉄や鋼とはちょっとちがう、素材でいえばやっぱり合成樹脂とかアクリルだな。それでねあなたの仕事はアイロニーにかえてアクリリック（acrylic）

といった新しい哲学用語が必要なんじゃないかと思うんです。かりにアイロニーが「寸鉄人をさす」といった言葉で、その指向性を示すことができるなら「寸アクリル人を引き込む」といった意味でのアクリリックね。そこでこのアクリリックの観念を明らかにしていきたいというぼくの希望があるわけだけど、クラさんのアクリルや樹脂系の素材による代表作というとどんなものがありますか。

クラマタ■今すぐに思いだすのをあげると、一番古いところはぼくが三愛にいたところにやったショーケースのなかのガラス棚をキャンチ（腕木）で受ける棚受けが最初だったかもしれない。それからあといろいろやったけど一般に有名になったのは一九六八年頃の透明なアクリルのワゴンや衣裳ダンスや、抽出しをおさめた「ピラミッドの家具」（1968）や、西武百貨店の〝カプセル〟のためのカプセル型のショーケース（1968）あたりからでしょう。その他中に照明具を入れた光の椅子や、最近では熱に弱い特性を使ってアクリル板を垂らしてつくった照明具（1973）など。

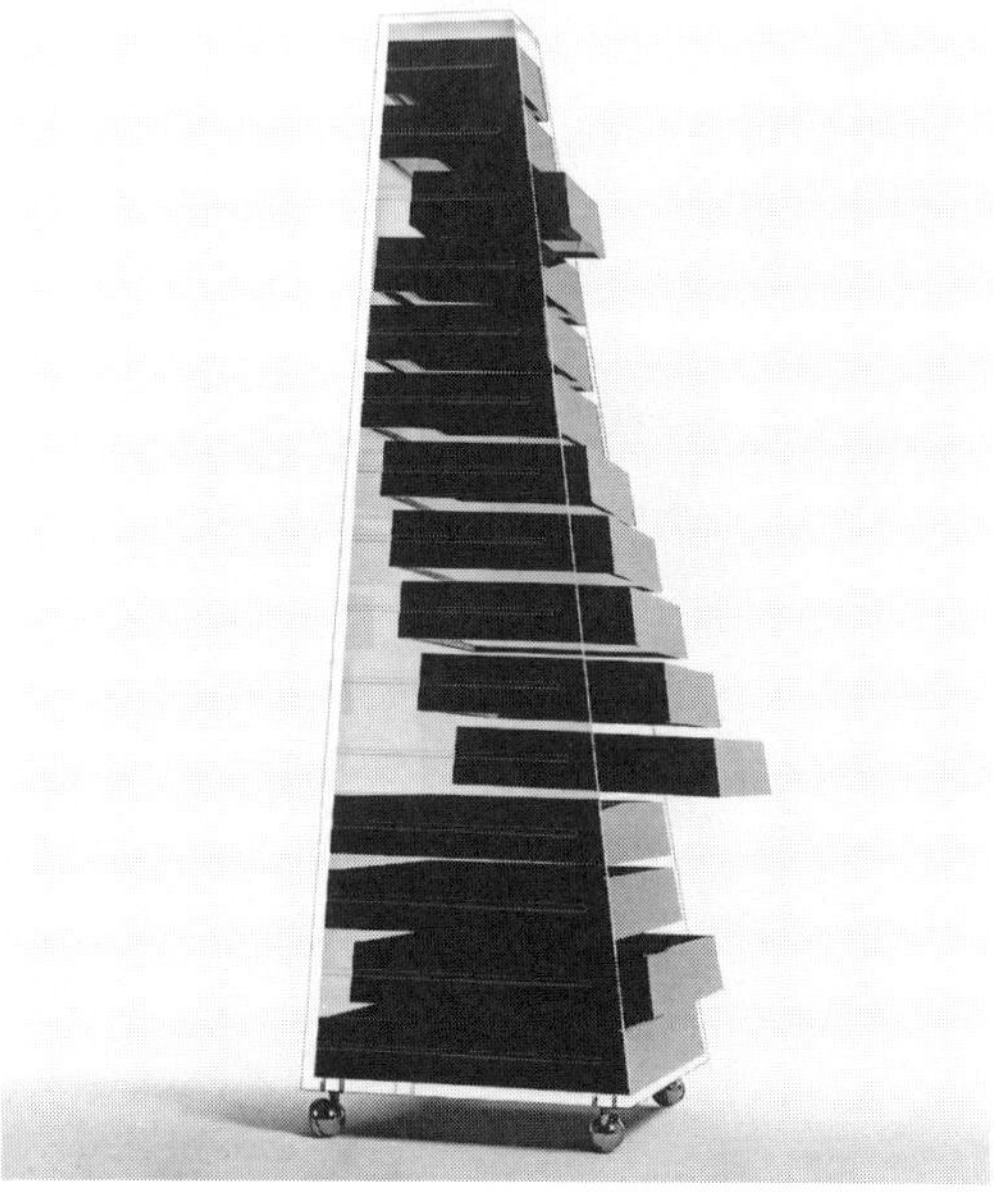
ピラミッドの家具（1968）

――その他にもクラマタさんにはＦＲＰを使ったショップ・デザインやインテリアの仕事もありますね。こういう現代の化学工業技術が生み出す素材をつかって家具やインテリアを作るということには、ガラスや鉄やコンクリートや木や石でつくる装置やインテリアとは基本的に違うものがあるとぼくは思う。そういえば模型写真で雑誌に発表していたけど建築の構造的躯体を照明入りのアクリルでつつんで視覚的にその量塊的《ソリッド》なイメージを反転させるアイディアもありましたね。その辺のアクリルとかプラスチックがクラさん個人にもつ意味といったものは何なんです。

クラマタ■むずかしいな。その質問の直接の答えにはならないと思うけど、アクリル的な素材への出会いはずいぶん昔です。あの飛行機の防弾ガラスの破片。あれは擦《こす》るとなんかドロップのような甘い匂いがするでしょう。

――ああなつかしい。おぼえてる、子供の頃やったのをおぼえてる。

クラマタ■甘いもののない時代だったから子供心にすごく印象にのこっている。だけどさっきの質問、どうだろうなあ。アクリルなどがもっている透視性とか、そういったものがものの非在化みたいなことを実現するし、それに透明な支持材、ピラミッド家具やワゴンの側板や、さっきの構造体のカバーなんかも同じなんだけど、アクリルを使うとものが宙に浮いたような感じにすることの面白さみたいなものがあるかもしれない。それをアクリルの洋服ダンスなんかでは、不透明な素材では、扉を閉めてしまうと、仕舞われたものが隠れてしまうわけだけど、アクリルだとしまったものをいつまでも見ていることができる。あたりまえのことだけどそんなことしかいえないなあ……。

——いやぼくにはそれがそんなにあたりまえのことだと思えません。さっきあなたはしまったものがまだ見える状態のことをいったでしょう。これはある意味で徹底した管理の思想というか、管理というものの理想状態みたいなものでしょう。それから、クラマタの家具は今の世のなかにあふれている管理思想を逆手にとって、管理したいと思っている奴らの潜在意識をドスンと具象化して目の前においてやる、だからアイロニーの家具である、という説もある意味で全く正当な指摘になってくる。だけどぼくはその辺をもうひとひねりして考えなきゃいけないんじゃないかと思うんです。たとえばクラマタさんが、そういう透視性というか、ものの非在化というかそういうねらいをガラスでやっていたとすればアイロニー云々といってもいいように思う。だけどアクリル的な素材にはガラスが背負っているような重さの感覚はないし、さっきの擦《こす》ると甘いにおいがするという話のように、ガラスのもっている脆さとはちがったしたかさというか硬さと、時には熱にほだされて曲ったり、あるいは焼かれると毒ガスを出して復しゅうするところや、ガラスにはない多様さと軽さが身上でしょう。それに樹脂系の素材はしばしば、傷つきやすい、という感傷的な性格を露呈する。そんなことがね、ぼくにアイロニーというよりも、いいかげんな造語だけどアクリリックというか、アク＝リリカルというか、特別の、ある意味で自滅的なリリシズムを予感させるんですよ。

クラマタ▩ぼくの家具の抽出しについてずいぶんいろんな人がいろんなことをいってくれたけど、ある人はダリの絵画の抽出しを比較に出したし、また別の人はデュシャンのオブジェとくらべた。いろんな見方があると思う。だけどぼく個人としては、なんというのかなあ、抽出しにいつでも何かを期待しているみたいな、そんな感じがあった。ものをしまうことだけじゃなく、それ以外のものを期待しているんだ。

――それ以外のものってなに。

クラマタ▒それがよくわからない……。

――そのことに関係あるかどうか全然わからないけど、ぼくがクラマタさんの家具を見てて直観的に感じるのは、アクリルやメラミン樹脂でつくられた家具や抽出しが、ぼくらの目のまえに対象としてあるというよりもその反対の性格、家具を見るというよりも家具が見られている、ところに力点が置かれているような気がする。もっとロマンチックにというか、例のアク＝リリカルにいえば、家具が見られることのなかで、恥ずかしさのせいかどうかしらないが、何か消えいりたいように思っている。ちょうどこの間の「毎日デザイン賞」受賞を祝う会の舞台上のクラマタさんみたいに、消えいりたいような気分というのかな、そういう自己抹消欲のようなものをそのまま家具にすると、ああいう家具ができてくるんじゃないか。それといっしょに、そういう透明な家具や棚におさめられたもの、かっこいい商品や、ひとの所有欲を満足させるような高価で重要な物品が、見られるという事態にいつでも直面しなきゃならない。そうするとそこにしまわれて見られているものが、いろんな傲慢さや見えをはぎ取られて、悲しさというか哀愁をおびるんだなあ。ぼくなんかはそういう姿に完全に感情移入させられてしまうんだけど、そのあたりの手法が、クラマタ家具のアク＝リリシズムの真骨頂じゃないかな。

クラマタ▒……。

私とクラマタ氏がそんな話をして別れた翌日、もう陽も高くのぼっているのにまだ雨戸をしめてセンベ蒲団にくるまって寝ている私の暗い部屋の枕元の電話がなって、受話機のむこうにちょっとシャガレタ例のクラマタ氏の低い声が聞こえる。

クラマタ■まだ寝てましたか。

——い、いやだいじょうぶ！

クラマタ■昨日あれからずっと考えてみたんだけど、あの何で透明な素材を使って家具を作るかというギョーさんの質問、あれ。おかしないいかたでうまくいえないんだけど、ほんとにへんなことをいっちゃうんで笑わないでくださいよ。この間「耳」をやってる彫刻家の三木富雄と話していたことから思いだしたんだけれど、結局すべてのことが「引力」に帰着するんじゃないかと考えたんです。

——「引力」？

引力？ の支配

——引力？　引力ってあのニュートンの引力ですか。

クラマタ■ええ、そういうのも入るけど……。

——じゃあもう少し広い意味で。

クラマタ■やっぱりうまくいえないなあ、なんというか人間の脳でいえば前頭葉で感じるようなものかもしれない。脳のなかで一番使われてないところといわれている……。だから単純に物理学や力学上の概念ということではない。

——それじゃ日常的な認識行為の対象の外のものなわけですね。

クラマタ■対象外です。そういった認識以前というか、その底辺にあるようななにかだと思う。そしてこの世の中のことの全部がそれに影響されているし、またすべてがそれによって起こってくる。歴史なんかもそれと関係があるかもしれない。

——でもどうしてそんなものを考えるようになったんだろう。

クラマタ■だから直接には三木富雄なんかと話しているうちにそう思うようになったわけだけど、別ないいかたをすれば、ぼくがいつもいうゼロからスタートしてゼロから発想して行くというやりかたで土を掘っていたら「引力」が出てきたということなのかもしれない。たとえばルネッサンス期のレオナルド・ダ・ヴィンチなんかの仕事をあつめた本なんかを見ていると、ダ・ヴィンチはぼくのいうようなその「引力」がわかっていたんじゃないか、と想像できるんです。彼が空を飛ぶというようなことに熱中したのも「引力」の問題が頭のなかにあったからじゃないかと。

——それじゃダ・ヴィンチの他に「引力」のことがわかってた人というとほかにどんな人がいるでしょう。

クラマタ■思いつくままで系統的じゃないけど、マグリットなんか典型的にそういう人じゃないかな。

——なるほどその例はよくわかる。

クラマタ■ル・コルビュジエなんかもそうじゃないですか。

――あ、ピロティね。

クラマタ■それにキースラーの「エンドレス・ハウス」にしたって同じかもしれない。ぼくは思うんだけど、こういう人たちは自分の仕事を、結局引力という普遍性のスクリーンというか。フィルターを通してやろうとした人たちじゃないかな。ぼくのことにかぎっていえば、たとえば宙に浮いたようなアクリルの棚をつくったりするけど、理想としてはマグリットの絵の青空の中に浮んだ椅子や楽器のように、何も支持なしに浮んでいればそれが一番いい。その時にはじめてデザインが派生してくる。

――ということは「引力」といったものの絶対的存在が、逆説的にはっきりしてくるということをねらっているわけですか。

クラマタ■ええ。ぼくらは普通この「引力」に無関心で、重力の存在をあたりまえのことに思いすぎている。ル・コルビュジエが建築でやったことのすごさみたいなものは、そういう無関心にうずもれているものを、逆に表へ引っぱり出してきたことだ。

――鉄筋コンクリートという新しい技術を使ってね。

クラマタ■それがやっぱりすごいことだったと思う。

――そうするとやっぱりクラマタさんの「引力」というのは物理学的な重力概念に近いものを多分にふくんでいることもたしからしいですね。ところでクラさんはその「引力」に逆らおうとするわけ、それともおとなしく従おうとするの？

クラマタ■さからうもなにも、とにかくそれがあるということが先で、それをあたりまえのこととして忘れてものを作っていることが多いという、現実が問題なのです。もし「引力」をぼくが好きだとしたら好きだから逆らうのだし、その逆もあるということでしょう。

――なんだか聞いているとある種の運命論みたいにもきこえるし、宗教的な観念にもとれるし、力学的な発想にも思えるし、わかりやすくてかえってむずかしいね。

クラマタ▩宗教的ということからいえば、ぼくにはヨーロッパのキリスト教的な考えにも、日本にむかしからある仏教的な発想とも無縁だというのははっきりしているのです。そういう意味では「引力」というのはその辺をうめてくれるもののような気もしないではないけど……。

私は倉俣氏が自分で持ち出してきた「引力」なるコンセプトについて彼と話しているうちに、それがあまりにも見事に彼自身の制作の特質を自己解明していくことを知って、だんだんいやになってきた。伝記作者にとって最大の楽しみは伝記の主人公が考えてもみなかったところに、その人物の行動の原理があることを発見することにあり、それが無くなってしまうと全く索漠たる作業になってしまうのが常だが、ぼやぼやしているとこの「引力」説によって私のごちそうは一気にフイになってしまいかねない。それと同時に伝記作者がいつでも最も警戒するのは、伝記の主人公から提出された重要な「鍵」は、それの解けぐあいが鮮かであればあるほど、ニセの扉を開けさせて迷路へとひとを迷い込ませ、しかもわかったような気持にさせることが多いというやや皮肉な事実についてである。

私は倉俣氏からもらった、このリボンのついたアクリル製の鍵をしばらく私の尻のポケットに落として使うのをしばらく見合わせようと心に決めた。しかしそれにしてもこの鍵は、どんな鍵穴にも合致しそうなマスター・キイを思わせてひどく蠱惑的な代物である。

たとえば倉俣氏がすでに説明してくれたように、彼の作品の多くは「引力」のいわばアプリオリな存在と、同時にその全面的な支配の事実を暴露することを第一の目的として製作されていたことをあらためて私たちは知らされるのだ。いま「引力」を単に力学的な重力として限定して考えてみよう。それからすれば、倉俣氏のスプリング型のスパイラルの金属脚をもつストゥールは、それまで四脚、あるいは三脚または円筒状の脚部で、座席面を支えていたストゥールの「引力」を忘却した風姿への批判であり、スパイラルという素材の構造的な迂回によって、その迂回の空隙に重力場を透視させる、という試みの結果であったと理解することができるだろう。また倉俣氏の最近作のひとつであるアクリル板を熱で弱めて、それが自然に垂れさがっていく形態を照明具の被膜にした作品にしても、体内の分子的緊張を維持しながら一枚の板となっているアクリル板が、熱に弱いという素材の急所をつかれ、その緊張をゆるめて、ダラリと「引力」に身をまかせてできた結果の形であった（ヨーロッパに類似の技法によってつくられたアクリルのテーブルなどがあるが、それらは「引力」の体現というクラマタの作品にみられる特性を主眼としていないという点において、基本的な差異をもっている）。この他、倉俣氏が主にプラスチックを使って、例の宙に浮いたようにみせるすべてのデザインが、同じ目的によって制作されたことはもはやいうまでもないだろう。そこにはちょうど舞台上の奇術師が中空に浮んで人体の下に手をやって、床と人体の間に支えるものはなにもないよ、とばかりに観客にむかって皮肉な笑みをうかべて誇示するポーズに似た、倉俣氏の得意顔が隠されている。そのように考えてくれば、倉俣氏がアクリルを最初に自分のデザインの重要な要素として使ったのが三愛にいた頃にショーケースの中のガラスの棚受けにアクリルを使った時であったと語っているのは象徴的である。ガラスのショーケースのなかに同じように透明なガラス棚があるとして、そこで唯一の不透明でソリッドな形態は棚受けとその支柱であろう。特に棚受けを透明化すれば少なくとも理論的には、ショーケース中に収められた商品は完全に中空に浮んだように見えるにちがいない。だから彼はそれをアクリルで置換するというアイディアを、ごく自然にひねり出したわけである。この種の力学的支持部分を不可視化したいという倉俣氏の偏執的な願望は今でも依然としてつよく、先日の松屋での彼の個展のなかで回転する透明なアクリルの棚をたくさんつけた家具の場合も、その樹の幹のような支持部分はアクリルのチューブで被覆された螢光灯であり、それが光を発すると構造的な支持体は本来持つべきソリッドな不透視性を失って棚は用具として全く抽象的な存在に自分を霧消してしまうのだ。この手法が先日改装が完成した新宿高野の洋服売場では、洋服かけの真鍮パイプに代るものとしてその手法が使われ、洋服群が光る螢光灯

ランプ（1972）

チューブにかけられて軽快な光景を実現していた。
「引力」というのは倉俣氏のデザインを理解するのにたしかに重要な「鍵」だ。便利なマスター・キイだ。しかし私にとってさらに重要なのは、かりにこの「引力」が倉俣氏がいうように普遍的な価値のようなものだとして、はたしてその「引力」は、レオナルド・ダ・ヴィンチにとっての「引力」と倉俣氏にとっての「引力」が全く同じものであったかどうか、という点の見きわめなのだ。そのことを確めるために、私自身の上にかけられた一種の暗示作用としてのクラマタへの「引力」の支配を、あえてここでしばらくは忘却してかからねばならないようだ。

続・インタビュー――〝ここ〟にいてはいけない

――クラマタさんがお母さんに「素直ではない」といわれてた子供のころのことを少し話してもらえませんか。

クラマタ▩ぼくの母は父のところへ後妻に行ってぼくを生んだんです。そのせいか大きくなるまで親父とはほとんど口をきかなかった。むしろ子供の時には、先妻の子である義理の兄からすごく影響を受けたんです。その兄は胸の病で若くして死んだんだけど、歌人でしてね、思春期に父親が再婚したりしたので親に反抗的で、だから彼も「素直でない」人で、その辺でぼくと気が合ったかもしれない。この兄は山の中に一人で住んで暮したりする世間的にみれば変わり者だったかもしれないが、ぼくは好きだった。彼の句で一番よくおぼえているのは「ほととぎす　血の一声や　旅の宿」というのがあった。またこの兄の影響でコンパスなどの製図具で遊ぶこともおぼえた。親父は事務屋だったんですが、昔の「理化学研究所」に勤めていた関係で、文京区のわりに環境のいい駒込のあたりに住んでいたけど、家のうらの物置小屋がぼくの城でそこへもぐって遊んだ。そのころから抽出しが好きになったかもしれないなぁ（笑）。理研で主に働いていた大工の棟梁に関さんという人がいて、この人に大工道具などもらったことがあるし、関さんの持っていた青写真や折り尺が妙に印象に残っている。そういえばぼくは子供のころ物理学者として知られた仁科（芳雄）さんにかわいがられたな。

――それで疎開には行ったんでしょ。

クラマタ▩国民学校二年のときに静岡県の愛鷹村に行ったんです。縁故疎開した先はとてもいい人たちで、よく聞かれる田舎っ子にいじめられたような疎開先のいやな記憶はあまりないけど、ただすごくよく記憶しているのは、いつだったか家族の人達が集まっておいしいものかなにかをたべているところへ、ぼくは知らずに入っていったことがあった。その時にぼくが一番感じたのは、オレはここにいちゃいけない者なんだ、ということだった。その時の気持は今でも忘れられない。

――戦争が終った後は？

クラマタ▩横浜で家族と合流して新制中学一年の時に東京へもどってきて、文京区林町に住んだ。そのころの東京は全く焼野原で、例の鉛管掘りというのを焼跡でやって、それを売りにいったりした。そのころはヒロポンの全盛期だったし、敗戦のショックがいろんなところにあったし、だれもが腹をすかして生きていた。

――高校は都立工芸高等学校でしたね。

クラマタ■そこの木材科です。工芸高校は技術者養成機関としてははっきりしてたし、職人養成が本すじで、クリエーションといったことの教育はなかった。製図、塗装、漆技術を三年間やったし、手を動かすことをずいぶんやった。だいたいぼくは頭がわるくて成績はだめだったけど、図工と体育は絶対自信があった（笑）。そのせいか担任の教師に「クラマタ、おまえは自衛隊へ行かんのか」といわれたりした。どうしてそういわれたかいまだにわからないけど、多分体育ができたからだろうと思っている。

それから学生時代ぼくは学生服が大きらいで着なかった。それと坊主頭。ぼくはあれをみると、今でもなんかゾッとするほどこわい。これも戦争時の記憶が残っているからだと思うんだけど、なんかきまりきった姿をさせられることにすごく反撥がある。高校時代はトックリのセーターで通して、学生服を着なかった。おふくろはそういうのも「きかない子」だといって嘆いてました。工芸高校があまりにも工芸的な狭い技術の分野での教育だったので、それから脱出したくて中野にあった東京写真大学を受けたけど落ちた。浪人して予備校へ行くといっては玉突きをしていたりしたけど、事情があって大学行きをあきらめて荒川の家具屋へ勤めることにして、そこに三年ほどいたんです。いわゆる〝河向う〟の家具屋は安物家具をつくる家具屋といわれるんだけど、そこへ図面屋として入って実際にいろんなことやらされて、特に職人からいろんなことを教えられました。このごろ学校で家具設計の時間を受けもったりする時にぼくは学生に、家具をデザインするには知識でやるんじゃなく、それよりまず木にカンナをかけてみる方が先じゃないかっていったりするけど、それもぼくのその時の経験からいうんです。

——それじゃクラマタさんがデザインらしきものを勉強しはじめたのは「桑沢」ですか。

クラマタ▩「桑沢」のデザイン科がまだ出来たてのころで、昼間部に一年間いて勉強したのが、いわゆるデザイン教育では最初で最後です。そしてすぐ「三愛」へ入ったんです。「三愛」は父が「理研」の縁で社長の市村（清）さんを知っていた関係で入ったんですが、ぼくがそこへ行きたいと思ったのは、例の銀座四丁目の円筒型のガラスのビルの建設がはじまることを知っていたので、そこのインテリアをやりたくて入ったわけです。そこで三愛ドリームセンターの設計者だった日建の林（昌二）さんとも知り合いになりましたし、いまでも仕事のない時に仕事をもらったりで、ずいぶん助かってるんです。三愛では宣伝企画室というところに所属していて、ずいぶんたくさんの三愛のための「店舗設計」をやった。ショーケースしか設計をやらせてもらえない時もあったし、西銀座デパート店を出すときなど売場の図面だけで三〇〇枚ぐらいも書いたんじゃないかなぁ。おかげでノイローゼになったほどです。だからあんまりひとは知らないけど、こういう種類の大量販売の構成なんかほんとうはぼくはわかりすぎるほどわかっていて、よく知ってるんです。商品を売るための方法なんかはなみの「店舗設計家」なんかよりは、ずっと知ってるかもしれない（笑）

——店をつぶすクラマタでは実はないわけね（笑）

クラマタ▩そうなんですよ。ぼくは商売についてはひとより知っているし、うまいと思っている。だけど今はこうすれば売れる、ということが自分でわかっちゃうと厭になるんだ。その辺が問題だろうとはわかってます。ところでその「三愛」では店舗だけでなく、ウィンドウ・ディスプレイもやったし、プライス・カードもつくったし、ほとんどなんでもやった。それにそのころの宣伝企画室には優秀な人がたくさんいて面白かった。コスチュームの方で今外で活躍している人がたくさんいますよ。

——「三愛」時代の話は面白いですね。その頃の仕事をあつめたアルバムをこの間見せてもらったけど、今のクラマタさんの仕事の源泉をみるように思った。アルバムを見て感じるのは、おそろしくたくさんのショーケースがあなたの設計でつくられたらしいこと。ぼくはこれに注目する。それはともかく、三愛の後は？

クラマタ▒松屋のインテリア・デザイン室です。そこには白石（勝彦）さん、松村（勝男）さんが上におられた。ここに二年間いて、今から八年前に独立して事務所を持ったわけです。

「三愛」時代

私は先に、倉俣氏の家具のなかには、整理および整列状態への特別な意識というデザイン上の座標軸があることを、主に彼の抽出し家具を例にとりあげて指摘しておいた。この座標軸はおそらく長い期間にわたって徐々に形成されていったものであろうが、そのような座標軸の形成へのいくつかの契機のようなものが、これまでのクラマタの発言のなかに語られていたと私は思うが、賢明な読者はそれに気付かれたであろうか。

ところで、整理および整列に対する特別な意識というのは、すべてのものを整合性のもとに位置づけて、いかなる混乱も余剰も破綻も示すまいとするある意味では古典的な完結性への意欲であることは確かだ。だが同じ意識を逆方向から透視してみることもクラマタの場合には必要なのではないだろうか。その時にこの意識は、すべての物事を完璧な整合性へともたらすには、あまりにも不確定の要素が多すぎるという実感からくる焦燥と、それにかかわらず何か強引な力が、整理整列を目ざして腕力をふるいそうな予感への恐怖と怒りとなって発現する。

倉俣さんの整理整列への意識もおそらく後者の形で、具体的な輪郭をつかんできたにちがいない。たとえば倉俣氏が後妻の子であるという事実のなかで、彼の「素直でない」性格の初歩的な表現が行われはじめたことは想像に難くないが、これを別ないいかたになおせば、倉俣氏は自分自身が、普通一般の「正常」な家庭における親夫婦と、両親から血をうけついだ子供（たち）という家族構成上の整合性に、なにかしら自分がうまくはまってないことを、幼児の皮膚感覚のようなものを通して察知したからこそ、「素直」ではいられなくなったということではなかったか。倉俣氏が母を異にする「反抗的」な兄に非常に親しさを感じ、兄がまた史朗を弟として可愛がったのも、自分たちがともに、収納のためにピッタリの開口部を持たない抽出しのように、はみ出した場違いな存在であるという意識を共有できると感じたからであったにちがいない。倉俣さんにとって自分が場違いな存在であるという潜在的な意識は、彼が疎開中の出来事としてもっともよく記憶しているという例の場合にも、鋭く顔をあらわしている。戦時中の甘いものがない時に、疎開先の家族が集まって何かをたべていた所へ、フイに顔だした彼が「自分はここにいてはいけないんだ」と子供心に思った時にも、同じように自分が家族的整合性にはまっていない存在だという実感が彼の心理を支配したであろう。このような場面において、彼はいつも整理整列からはずれとりのこされた者であり、その中に組み込まれていないという苦い認識を通して、彼の周囲に不可視のあまりにも厳然とした整合性の世界が実在することを誰よりも強く感取していたのだ。

あるいはまた彼が学生服と坊主頭を生理的に嫌悪したと語るのは、学生服や坊主頭が帝国軍人の容姿を連想させるという理由が直接的にあったからであるのはいうまでもないが、それと同時に社会的に潜在している序列や整合性を、軍隊が最も尖鋭に顕在化して見せるその野蛮な正直さ、照れも恥かし気もない正面性にそれらが連続すると考えたからに違いない。東京の山の手に育って、しかも「理化学研究所」という国家主義に結局は奉仕しながら内部的には言葉の最も純粋な意味で「近代的」な理化学研究をつづけ、虚構的な自由が横溢していた場所に近く育ったクラマタが、坊主頭と学生服の容姿のなかにあるあられもなさ、田舎くささに耐えられなかったのは無理もないことであろう。倉俣氏はそのような場面に遭遇すると、例の「祝う会」の会場でやったのと同じように顔をふせて、モジャモジャ頭をひとの目前につきつけて、絶対に面をあげない「素直でない」男になってしまうのだ。

以上のような整理および整列への倉俣さんの潜在的意識が、彼の職業であるデザイナーという職能において発揮されるにおよんで、非常に重要な経験を彼に与えたのが、彼がデザイナーとしての仕事を夢中になって始めた「三愛」時代であったと私は推測している。倉俣氏が語っているように、円筒形の特異な姿を四丁目角に見せる三愛銀座店の新築にともなう内部のデザインを受け持ちたくて彼はそこに入ったのだが、ちょうどそのころ「三愛」が企業としての拡張期であったことも手つだって、その銀座店をふくめて、各所さまざまな店舗設計にかかわり、いわゆる「ディスプレイ」に関するあらゆることを若い彼はやらされたらしい。売場の構成、店舗空間の性格づけといったことから、ショーケース、ショーウインドウの設計、飾棚やＰＯＰや装飾的な小物やサイン・デザインなどと、そのころはまだそれほど〝えらく〟もなく、伝説的でもなかった倉俣氏が、それこそ身を粉にして必死に働いていた姿がなんとなく彷彿としてくるような気がする。私がそんな感じを持ったのは、先の倉俣氏との対談で彼が話していたように、彼のそのころの仕事を撮影した手製のアルバムを見せてもらったからだが、同時に私はそのアルバムの頁をめくりながら、倉俣さんが自分のデザインの上に整理と整列のことを真剣に考えるようになったのは、この時期であったにちがいないと確信するようになったのである。

「消費者」とか「購買者」とかいわれる立場になってしまうと意外に気付かないものだが、たとえどんなに小さくても、また貧弱な店舗であっても、それが商売を目ざして構成された店舗である以上、そこには常に非常に精力を費やして考えられた「売るための工作」が隠されている。この「売るための工作」にしたがって、すべての店舗空間や商品は、整理され整列させられていくのである。戦前のよき東京の山の手の〝ぼうや〟だった倉俣氏にとって、そのような商業上の（彼の言葉を勝手に使わせてもらえば）「引力」体系が存在することの、実感としての経験はおそらく生まれてはじめてのことであったにちがいなく、その習得作業は一種の苦痛をともないながらも、デザイナーとして疎かにすることのできない作業であったにちがいないと推測される。この商業的な整理および整列の隠然とした体系のなかで、かつて学生服や坊主頭に生理的な嫌悪を感じつづけてきた倉俣氏は、どう対処したのだろうか。そうした場面に直面して彼は自分を商業主義の真只中に置き、「三愛」社員としての自分の立場を、やがてデザイナーとして一本立ちするための身過ぎ世過ぎの方便として考えて勝手に納得していたのだろうか。彼の伝記作者たる私もこの時期の倉俣氏に、そうした気分が全くなかったとは確信が持てないが、ただ私はそれが単なる修業時代でも、また生活的安定のためのやむをえないデザイナーとしての雌伏期であった、とも断定することはできない。

私がそう思うようになった直接的な契機は、前にちょっとふれたようにその頃の彼の仕事を集めたアルバムのなかに、非常に数多くのショーケースの設計があり、それらの昔風にいうと陳列棚が、ある時は化粧品を、また別な時には衣料品を、下着を、カバンを、アクセサリーを、洋和装小物を入れて、さまざまな店舗空間のなかで並んでいるのを見たことであった。

私がその時ふと感じたのは、いささか三文芝居を見たあとの感想めくのがいやだけれど、ショーケースというものはなんてかわいそうな存在だろう、という今まで一度も浮んだこともない感想だったのだ。それらのケースは、店舗の全体的な統合＝整理のなかにキッチリと組み込まれて、文字通り四角四面に、あるいは角をまるめて、時には曲面を描いてうねったりしながら置かれている。ショーケース自体の個性とか独自性とかの主張は最初から抜き取られ、その完全な去勢によって見事に全体へと帰依している。そもそもショーケースそのものの機能や形姿が何となく悲劇的ではないか。それはたしかに存在しながら、しかし整列すべき商品を十分にひきたてるために、あたかも自分が存在しないものであるがごとく自分自身を消して、ほとんど見えないものでなければならないのだ。そのショーケースの自己消滅のためにこそ、ガラスが使われ、またアクリルが用いられ、また巧妙な照明が採用されたりする。「購買者」たちの視界の前面にそれは決して現れてこないし、また彼らの目にそれが映ってしまった時には、自分の存在の本質的な機能に失格を宣告される、まさ

エドワーズ本社ビルディング　ショールーム（1969）

しくあわれな用具なのである。しかしケースは存在しない形を取りながら、しかし商品の整理と整列を裏づけて厳然として存在するものでもあるのだ。それは在ってなきがごとく、反対になくても否定しようもなく在る、透明でパラドキシカルな構築物である。倉俣氏はショーケースのもつ、この特性に目をつけていたのだ。私が先に書いた倉俣氏の例のアク＝リリシズムが、このような奇妙な存在のうえにやがて宿っていき、そこを本拠としてすべての彼のデザイン的制作のうえに滲出しはじめたのである。ここまで書いてくれば、賢明な続者には私が何をいいたいのかおおよその見当はすでについたと思う。一応念のためにそれをまとめて書けば、次のようなことになるだろう。

　倉俣史朗は自分の生い立ちのなかに、自分の存在が家族的な整合性のなかで所《ところ》を得ない者、あるいははまりのわるい者であることのいらだ

ちについて、無意識に語っていたし、それと表裏をなす感覚として、どこまでも平板に統合された世界への嫌悪についても話している。この感覚をもっともよく説明するのが「おれはここにいちゃいけないんだ」というセリフであろうが。この自己消滅欲が彼がデザイナーとして活躍をはじめた時に、先にみたようなショーケースの自己滅却的本性と同調しないわけがなかったといえよう。おそらく倉俣氏はこの商業上の用具に対して、潜在意識のレヴェルにおいて感情移入していたにちがいない。それと同時にもっと重要なのは、この消え去った存在が、視覚的に消失したものであるが故に知っている、巨大な空間支配の原理——それが商業施設であるならば、儲けるために整備されたすべての工作の体系——を、好むと好まざるを問わず必然的に、自分自身の透明な身体のなかに体現している、という事実であった。倉俣氏は、ショーケースの心と同じように「おれはここにいてはいけないんだ、消えていなければならないんだ」と内心叫びつづけながら、自分を孤独におしやっている背後の壮大な整理整列の体系を、誰よりも強烈に肌で感取することになったのだ。

　しかし倉俣氏は、そのことを知った時、そこからただちに、この巨大な体系に自分の身を投じ、そこに組み込まれた方が自分の将来（たとえば出世といったもの）にとって有利である、という計算へ走るには育ちがあまりにも良すぎたし、資質がナイーブすぎたといえる。つまり純粋なガラスのショーケースにあるようなクールな冷徹さや不可視の重さに同化できないで、擦《こす》ると傷つきながら甘い匂いを発するプラスチックスの甘美な悲劇性の方を彼は選んだのだ。それと同時に、彼が察知した巨大な体系に対して、熱い反逆心をかりたてて、それにアイロニーの鉄《アイアン》の刃を切りつけて行くよりも、まさに傷つきやすいアクリルの素材の性格のままに、自分がその体系的なものにやられ、損われていく過程に、ある種の自虐的忍耐強さで身をさらし、その力の残虐性を逆説的に暴露しようとして行こうとするようになる。中空に浮んだようなプラスチックの棚は、彼がいうように「引力」の表現であることを通して、逆に私たちにむかって「宙に浮いているように思えるかもしれないけれど、でもそう見える背後には何かが私を支配しているからで、実はその目に見えぬものの私はとらわれの身なの、この恥ずかしさはほんとに消え入りたいほどだわ」と、へたな女優のモノローグぐらいには立派に語ってきかせるのである。そしてこのような家具やディスプレイやインテリアのデザインに盛り込みきれないものが押え切れない力で、倉俣氏の内部に高まってくると、彼は「投書」という文字の投石に走る。×印をつける主体について、異民族を理由なく虐殺した国家のメカニズムについて、教育のねじまげについて、最高裁のデザインのおさばきの露骨さについて、怒りをもってとりあげ「引力」を略取し悪用しようとする連中を告発しようと彼は躍起になるのである。

実際のところ倉俣氏が自分のデザインに使う手法も投書の文面もかなり原始的で幼いものである。しかしそれはちょうど幼い子供が涙を流しながら怒り泣きじゃくって訴える時にあるような、こっちも涙ぐんでしまいそうな可愛さの感情をひとの心にもたらしもする。この時にこそ、先に私が倉俣さんのアク＝リリシズムと書いたような美学がここでも発現するのである。「クラマタさんの家具を見ると何か心が洗われるみたい」などとデザイナー志望の女子学生が、目をかがやかしながらいう時が、それである。このことは、私が別な文章で、クラマタの意匠はカタストロフを待ちうけている性向、受難を予期したデザインだと書いたことと同じである。「夢の島」で焼かれて毒ガスを噴き出すＦＲＰと同じように、倉俣氏には焼身の香りを自分で嗅いで、限りない恍惚を享受しようとする貪欲で奇妙な美学とエロティシズムがある。ごく最近の倉俣氏は少し違う考えに変ってきたようだが、数年前の倉俣氏は、少なくとも表面においては、自分の設計した店舗がつぶされることをそれほど気にしないようにみせていた。なぜならむしろ彼のデザインが殺《や》られることに彼の勝利と栄光があったわけで、だからその頃の倉俣氏は、彼の容姿がミニアチュールのなかのマタイ像に似ているように、ある種の殉教者であり、受難者であったのだ。

ところで私が強調したかったのは、以上にみたようなデザイナーとして独立してからの倉俣氏の設計者としての性向が、すでに「三愛」の時代に数多くのショーケースなどを設計しながら、クラマタの股間に沈潜しはじめていたにちがいない、という推理であった。しかし考えてみれば「三愛」が銀座四丁目の角に建てた新しいガラスの円筒型のビル自体が、一種の巨大なショーケースでもあったといえるかもしれない。そのインテリアを受け持ったクラマタに、その建物の何らかの影響があったことは想像に難くないが、ただ林昌二氏と倉俣氏の違いは、前者がガラスの透徹した非情さを余裕を持って抱き取り、自分を消し去るのではなく、逆にその透視性を利用して自分のデザインを顕示しようとしたのに対し、後者があくまでも自己消滅を意欲しようとするようになった点において全く逆の指向性をつくり出したことはやはり指摘しておく必要があるだろう。しかし私が思うのに、真反対にむかう二つのヴェクトルは円環を描いて必ずどこかで落ち合うものなのだ。落ち合わないためには、倉俣氏は少し軌道を修正しなければならない。最近倉俣氏が自分の設計した仕事が知らぬ間に改変されたり、あるいは破壊されたするのを悲しむ、怒るというように変わり、またデザイナーとして、自分の仕事が曲がり角にきているとも感じてもいるらしいのは、私からみればその良き軌道修正の前兆であるように思える。

円周軌道を切断しよう

——これまでクラマタさんにはいろんな話を聞かせてもらってきたわけですが、最後に、あなたにまつわる「伝説」のいくつかに、自分で解説を加えたらどうなりますか。たとえば設計料が高いくせに現場をあんまりみない、というような風評については……。

クラマタ▩この間ちょっと必要があって調べてわかったんだけど、ぼくの設計料は八年前からほとんど変わってない。その「高い」という噂は、たしかに八年前で考えるとそうだったかもしれないが、いまはむしろ安いんじゃないかと思うぐらいです。だいたいぼくは一般の建築の設計料の計算のように施工費の何パーセントというやりかたはおかしいと思ってるんです。ぼくは施主に金がなければ、無理に高い設計料をふっかけようとも思わないし、どうしてもやりたい仕事だったらタダでもやる。でも設計料なんて考えてみれば安いものじゃないかなあ。もう大分まえのことになるけど、クラブ「ジャッド」をやった時、その頃の金で設計料一二〇万だった。総工費が三五〇〇万で八〇坪ぐらいのスケールの仕事だった。これに約半年くらいかかったけどぼくは仕事で二股かけない方針だから、一ヵ月に平均すると二〇万ほどにしかならない。それがですよ「ジャッド」がオープンしたその日一日の売上げが幾らだと思います、七〇万ですよ。実際それをきいた時いやになった。それからぼくが現場をあんまり見ない、というのは誤解もいいところで、ぼくはむしろトコトンまで現場は見るようにしているんです。

――お施主さんとガラス越しにしか話さないというのは？

クラマタ■この間のカリオカの時だってすごくオーナーと話しあったんですよ。まああれは例外としても、ぼくは施主が求める物理的な要求は十分きくし、その要求は絶対まもる。ただそれをこちらへ入ったら、あとは一切まかせてもらわないとやらないというんです。だからといって勝手にやるわけではない。ぼくは施主に対するプレゼンテーションはどこの設計事務所にもまけないくらいものすごく詳しく親切にやってるつもりだ。パースなんかでごまかさないで必ず模型をつくるか、模型写真をスライドで見せるし、こっちの意図をわかってもらうよう努力する。ただプレゼンテーションは一個だけしか出さない。これとあれとでどっちがいいですかというやりかたは無責任だと思う。

――クラマタさんところは原則として契約した後で、プレゼンテーションですってね。

クラマタ■契約をすべてのスタートとして考えてるんです。あたりまえのことでしょう？　施主がぼくに仕事を依頼する時は、ぼくといういわば伏せたトランプの一枚に賭けることと同じだと思う。極端にいえばぼくに賭けた以上、どんな礼が出ようが最後までこっちにあずけてもらわなければこまります。ぼくもまた賭けてもらったからお施主さんの顔色をうかがうというやりかたはしない。施主のために、などとは無理に考えない。むしろそう思ったら失敗する。すでにそこにグズレがきて、結果的に駄目なものになることが多い。よくデザイナーで施主の心をよく酌んで……という人がいるが、ほんとのことをいって、施主のために創ってるひとがどれだけいるかなあ。ぼくが現場は見るくせに、施主とそうべったり顔をあわせてなきゃいけないと思わないのは、彼らはぼくに賭け、信用したんだから、と考えるからです。

——たとえばこういう店をつくりたい、こういうのをつくってもらいたいと思って、ある程度具体的な空間の輪郭を描いている施主がいたら？

クラマタ▩ぼくはぼくの創りたいものを持ってくるんで、その意味で施主がその伏せたトランプに、自分の運命を賭ける気がないなら、どうぞ他所へ行ってください、という風にやるもんですから、事実断わったり、断わられたりするケースは多いですね。だからぼくは施主がテーマというより、つくりたいものの具体的なイメージを思っていたときには断わります。結局うまくいかないと思うから……。

正直なところ私はクラマタの最後の答えをきいた時、思わず「エヘヘヘ……」と自分でも奇妙だと思う声を出して笑ってしまった。その笑い声のゆがみは、これだから並みのデザイナーたちには〝倉俣は超えられない〟わけだという私の実感からきてもいたし、それと同時にそこにはいささか不謹慎な私の揶揄の気分も入っていたかもしれない。私は倉俣氏の話を聞きながら、そこにものを創り出す者の側の「夢」が語られているのを感じ、わかるわかると思いながら、と同時に倉俣氏の施主でもないくせにフッと不安になったりする。というのは彼がその「夢」をあくまでも「正夢」だと信じている、あるいは信じ込もうとしているのを感じたからなのだ。こういう話をムキになって話すときの倉俣氏史朗は、可愛いい小型のファシストだ。先に私は、ショーケースを例にとってそれが存在しながら存在しない哀れなものであると同時に、自分自身のなかで最も切実に自分の位置が支配の最前線であることを意識しているものでもある、という両面性について書いたが、倉俣さんの内部にも、もしかしたら同じような両義性を自分の中で感じていたのではないのだろうか、とも考える。つまり整理・整列を心から嫌悪しながら、他方その種の図型を力で実現しようとする側の整合性の美学の迫力を体で知っているという表裏がクラマタの体内で葛藤しているのではないだろうか。いやむしろ彼は整合性の美学を最もよく承知しているからこそ、あえてそのような美学による全面的な統合を予防しようと躍起になっているのかもしれないのだ。

倉俣さんはよく、一度すべてのものをゼロにして、そこから出発してものを創造する、ということを強調するけれど、それはおそらくやる側からやられる側へ、あるいは整理・整列させる側から整理・整列させられる側へ、表と裏をクルリと転回させるためのゼロ支点の形成として必要な操作であると彼が考えたからだろうと推測する。しかしこのメカニズムは、先の真反対へのヴェクトルをもつ動きはいつかどこかで落ち合うというトポロジカルな比喩と同じく、逆回帰をもまた可能性としては残している。おそらく倉俣さんは様々な心理的な歯止めを用意して、この円運動が行き過ぎて一回転し、もとの地点へ戻るような事態を避けようとするにちがいない。ただ私が心配するのは、最近若い学生たちと話していて時々非常に強い印象で感じられること――彼らが、整理・整列を強いる強力な整合性の世界への、熱っぽいと同時に無邪気な憧憬を持っている、つまり倉俣史朗が押してきた円周の残り半分を、一気に押しもどしたいと焦っているような、まだ形にまとまっていない無気味な飢えと渇きをたしかに持っていることについてである。彼らと話していると、日本にファシズムの嵐は、もう一度吹きあれないではすまないのではないか、とうすらさむい気持になってくるのだが、同時にもし、そのような悪しき回帰を本気でふせごうとするならば、例の円周軌道をどこかで切断して、その上を走る機関車（往きは反体制行きで、帰りは体制行きの看板をつける機関車）を脱線転覆させねばならないだろう。

私はクラマタの伝記作者として、これから先の彼の行動も記録したいと思うのだが、ただ彼のデザインがこれまでのように、世の中という富士山型の山のテッペンをグルグルまわる円周軌道の上で制作されつづけるとしたら（この比喩はおそらく倉俣氏を怒らせるだろうが、私にはどうしてもそう思える時があるのだ）、もうこれ以上は言葉はいらないだろう。しかし私はクラマタの伝記作者としての職を失いたくない。私を失業させないためには、彼もまた円環をたち切り機関車を脱線させる作業をデザインにおいて始めねばならない。

何か視界が広すぎるのだ。たとえば「引力」にしてもたしかに倉俣さんは「引力」つまり「権力」の遍在という事実をデザインを通して見事に描き出した。しかしその「引力」が倉俣自身にとって何であるかについて、彼はまだほとんど何も語っていないのかもしれない。もう少し詳しくいえば、「引力」が倉俣史朗の身体にかかって、彼自身の身体（普遍的な人間の身体ではなしに）をどう支配し、その事実に彼がどう反応しどう動いたかの、詩人の鈴木志郎康のまねをしていえば「極私的」告白が、デザインに塗りこめられているとは、私にはまだ思えない。「極私的」になるには、日頃の広い視界を自ら狭窄へと追い込まなければならないだろう。しかもおそらくその視界の中にこそ唯一の活路が見えてくるのではないだろうか。

倉俣さんは「毎日デザイン賞」の授賞を「祝う会」で挨拶して、そこに集まった大勢の友人達をまえにして三波春夫のマネをしたのか「私には友達が唯一の財産です」という意味の挨拶をしていたのを私は聞いた。私はそれを聞きながら、何か落ちつかない気持になった。

もちろん一人一人の人たちは倉俣さんにとってかけがえのないすばらしい友人であるだろう。それはわかる。しかしこうして「祝う会」に集まり、ひとつのかたまりとなって、様々な会話でにぎやかなおしゃべりによってざわめきをつくりだしている者たち（念を入れて強調しておくが、いうまでもなく私をふくめてだ）が、はたして倉俣さんの「財産」となりうるような者たちであろうか、それにふさわしい何かを持っているだろうか、と私は考え込んでしまう。いまこんな誤解をまねきやすいことを書くのは、そのパーティへの出席者たちにケチをつけようというのでは決してなくて、むしろここにいるような華やかでにぎやかな人たち（例の円周軌道の列車の乗客たち）のまわりに、それとは無縁にとりかこんでいるにちがいない「沈黙」といったもののなかに（その「沈黙」の所有者を、大衆とか人民とか民衆といった言葉で整理するのは絶対に避けよう）、倉俣史朗が自分自身のお蔵に収納すべき何かが隠されているのではないかと思うからである。そしてまた倉俣自身の身体のなかにも、彼の「沈黙」があるにちがいないのだ。倉俣さんがその「言葉の欠けた無」としての沈黙に対し、これまでのデザイナーとしての活動において無関心であったとは、私は決して思わない。ただ彼はその「言葉の欠けた無」を代弁しようとしたけれども体現しようとはしなかった。代弁であって体現でないデザインは「夢の島」で身を焼かれる時にも、それが誰かのために犠牲になっていることを私が理解したとしても、倉俣氏の身体が焼かれているという生々しさはない。いいかえればクラマタの身が焼かれている、と私が実感できるなら、それを防ぐために何かの行動を起こそうとするのだろうが、少なくとも今までの仕事ではそうした衝動を引き出すような力はあまり強かったとは私には思えない。倉俣史朗が他人のあるいは他人《ひとびと》たちの「沈黙」の代弁でなく、まず自らの無の体現をデザインにおいて行うようになれば、クライアントに「伏せたトランプに賭けた以上こちらにまかせろ」と無理に力んで強調しなくてもすむようになるだろう。そうした賭けの要請には、施主は結局「金は賭けるが体は賭けない」という論理で対抗してくるのは目に見えている。そのあげくが、金さえ払えばあとは改装しようがなにをしようがこっちの勝手だ、という彼らのセリフに落着するのである。

倉俣さんが、彼のいう「引力」が彼自身の身体にかかる次元に収斂《しゅうれん》しながら仕事を具体化する（先に広い視界を狭窄へ追い込むといったこと）ようになれば、クライアントが簡単にこわすことをためらうような仕事の重さが自然にあらわれてくるだろうし、また反対に彼の目にクライアントが別の姿で見えてもくるだろう。そうしているうちに、亡霊のように倉俣史朗につきまとっていた「伝説」も姿を消し去るにちがいない。すでに詳しく見てきたように、これまでの倉俣さんの仕事のなかには、クラマタのものでしかない身体感覚はさまざまなかたちでちりばめられているのだ。それを潜勢の状態から主役へと引き出せばいい。それが彼のほんとうの「財産」なのだから……。

今私がこの原稿を書いている机のすぐそばに、倉俣さんからもらったひとつの照明具が吊り下げてある。これはクラマタの作品ではなく、彼がどこからか見つけ出してきた集魚用の照明具であり、彼がよく自分の設計したインテリアに使っているものである。私はこの照明具のがっちりした堅実さ、素朴さ、それと驚くほどの安さ（実際の値段はよく知らないが、たしかに安いらしい）が、とても気に入っている。私はそれに目をとめるたびに、全くアノニマスなものでありながらこんなにいい照明具を発見してくる倉俣さんは、きっとこれに匹敵するようなデザインをやがてつくり出すにちがいない、といつでもそれを見るたびに自分にいいきかせる。その時には彼の作品は、アク＝リリシズムさえも脱出して、イズムからは自由な、単に朴訥なだけの用具にすぎないものになるかもしれない。しかしデザインは倉俣さん自身がいつもいっているように、おそらくそうなってこそはじめて本物になるのだろう。伝記作者はそんなものが彼の腕の中から出てくるのを心待ちにしながら、いつものように安酒でも飲みながら気長に待つことにしよう。しかもまだ夜は当分明けそうにもないから。

（一九七三年記）

〔註〕

1 『新建築』一九七二年五月号
2 『デザイン』一九七二年五月号
3 『SD』一九七一年一月号

〈建築〉を襲う果てしなき〈都市〉の襲来

論考——相田武文

あいだ・たけふみ　1937〜

東京都生まれ。1966年早稲田大学大学院博士課程修了。1967年独立。題名のない家（1967）でデビュー後、積木を重ねるように住宅の内外観を構成した「積木の家シリーズ」（1979〜84）をはじめとして、モダニズムの常識に挑みつづける。1977年より芝浦工業大学教授を務め、現在、同名誉教授。
おもな作品に、涅槃の家、無為の家（ともに1972）、サイコロの主題による家、PL学園幼稚園（ともに1973）、段象の家（1975）、アップテル塩原（1976）、モンドリアンの主題による家（1980）、芝浦工業大学斎藤記念館（1990）など。日本建築家協会新人賞（1982）ほか受賞。

国立にて

あの時から、すでに三十年もの歳月が流れてしまったのだ、と考えるとやはり愕然とする。国立駅前には、今のような賑わいもなく、桜並木のパースペクティブな奥行きを見せる幅の広いあの大通りもどこかガランとして、ひっそりとした静けさに包まれていた。一九六七（昭和四二）年の晩秋。その当時、毎晩のように新宿あたりで出会って安酒を飲み、建築や都市、そのほか諸々についてのとめどない議論を交わしていた、同い年の建築家、相田武文から頼まれて、若い画家のために彼が設計して竣工したばかりの住宅を見るために、おそらくその時はじめて国立駅に降り立ったのだ。後に「題名のない家」と名づけられて発表されたこの住宅は、彼が建築ジャーナリズムを通して発表する最初の作品だと聞いていた。三十年も昔の話なので、その家を見た時の第一印象は、記憶としてはそれほど鮮明とはいえないが、しかし今でもはっきり覚えているのは、建築の形態の持つ輪郭とその組合せが、私の目にかなり魅力的なものに見えたことである。地面から柱で少し持ち上げて、細長い円筒形の形をくっきりと浮かび上がらせた階段室。その階段室の最上部から架けた渡廊下の先の、キュービックな形のアトリエ。地面に蹲るかのような居住部分。それらが組み合わされて生まれた不思議議な魅力を持つシルエットが、若い建築家の初々しい感性と構成力の奥行きの深さをはっきりと示していた。特にアトリエ部分の立方体は、玄関・浴室・台所などを覆う鉄板葺の屋根の上に突き出した木の柱が支えており、この細い柱の間に合せ梁を渡して、その上に箱形の画室が、重力を忘れて浮遊するかのように中空に浮いていた。家の中に入り、螺旋階段を上って、このアトリエの《箱》の中に何人かの見学者と共に立った時「この《箱》は構造的に大丈夫なの？」と聞いて、設計者から大丈夫、という返事があったことを、今懐かしく思い出す。

この家が掲載された『新建築』誌の一九六八年一月号に、短いが、しかし的確な批評文を寄せた小能林宏城は、冒頭で「《鬼面人を驚かす》住居とは、このような住宅建築をいうのであろう(1)」と書いている。鋭い洞察力に恵まれながら、惜しくも早世したこの批評家は、「この異相といい、あるいは異相の放つ衝撃力の内部には、凝集された原初的なものが内蔵されている、とおもった。……これを別のいい方でするとこの住宅は論理あるいは観念そのものの具象化であるといっていいし、原理そのものの具象化であるといってもいい」と解説する。つまりこの住宅が《人を驚かす》ような《鬼面》を持つように思えるのは、都市において、街路とそれに接続する諸建築との間に生じる結合関係に似たものが、「原理」として住宅設計のレヴェルに

題名のない家（1968）

適用するために、プランの中に持ち込まれ、さらにこれに加えて、住宅における従来のマスタースペース（諸室）とサーバントスペース（廊下、階段等の動線部分）との関係も、ここでは、その主従関係の置換もしくは逆転が試みられ、なおさら人を驚かすのだと小能林は理解した。

小能林のこのような理解は、相田の処女作「題名のない家」が完成したばかりの時点での作品批評として、まさに正鵠を射たものであったといえる。ただ、もしかしたら、この住宅の批評者も、設計者の相田武文自身でさえも、その当時は気づかなかったような、さらに根源的な何か《凝集された原初的なもの》が、この作品の中に内蔵されていたのではないかと、いま私は考えている。設計者がこの家を舞台にして、《都市》概念を強引に《住宅》の中に貫通させようとした点に小能林は着目しているが、ただその企てを完遂することによって、はたして相田は何を求めていたのだろうか、と私は考えずにはいられないからである。彼はこれにより、これまでの日本の住宅になかった住宅建築の新しい居住性や、住み心地の良さ、といったものを実現して、建築家として素直な喜びに浸っていたのだろうか。どうもそんなことではなかったような気がしてならない。

俗にいう〝後思案〟にすぎないが、相田の処女作の設計内容を冷静に見ていくと、逆に彼は、《建築》に《都市》の論理を強力に押しつけることによって、従来の《建築》というものの観念に動揺を与え、できればそれを粉砕しようとさえ考えていたのではなかったか。この場合、《建築》と呼ばれているのは、建築史上に登場する、一連の洗練され様式化され典型化された作品群の全系譜といったものだけではなく、もっと素朴で原理的な、その意味ではヴァナキュラーで、いわゆるシェルターとしての始原性を内容として備えているような建物の持つ、あらゆる空間をも指している。相田は、こうした原理的で、機能的で、建築計画学的な視点で把握し得るような《建築》的総体を、何故かわからないが、自分の設計の仮想敵と考え、そうした対象をさまざまな角度から衝き崩したい、というような潜在的な欲求を《凝集された原初的なもの》として、彼の体の奥のどこかに隠し持っていたような気がしてならないのである。

先年、ヴェネツィア映画祭でグランプリを受賞したことで評判になった、ビートたけしこと北野武監督の処女映画作品「その男、凶暴につき」というタイトルを、何の脈絡もなく、ここで勝手に借りて使うならば、相田武文の処女作「題名のない家」の中には、かなり明確に、しかしある種のさわやかさを漂わせながら、その種の《凶暴》さのようなものが示されていたような気がする。だからこそ、この住宅は、《鬼面人を驚かす》ものとして、一人の批評者の眼前に立ち現れることができたのである。

沈黙の仮面

しかしそうはいっても、「題名のない家」を設計していた段階での相田武文は、戦後建築界に浸透していた、機能尊重を第一義とする《建築》観への、疑視あるいは嫌悪感といったものが自分の内面に芽生え始めていることを、まだそれほどはっきりとは意識していなかったことも確かである。そのことは、「題名のない家」の三年後に彼が発表した「後衛の家」(1970)の設計内容を見れば、容易にわかるだろう。湘南の山手に開発されたある新興住宅地の中に姿を現したこの第二作目の住宅は、相田のいう、現代の工業技術や美学を駆使してつくられた《前衛の建築》に対峙する作品だと説明され、そこから彼はこの家を、あえて「後衛の家」と名づけたという。「《後衛》の建築とは、人間がはじめて建築をつくり出した時の方法が人間の手であり肌であったように、情感がわれわれの胸中に浸透することを目指すもの」だと、その時の設計趣旨に書いている。[2] 相田はここでは、ヴァナキュラー系の《建築》も、自分の設計活動の守備範囲に属するものであることを告白していたことになる。事実「後衛の家」の場合、プランも、外部形態も、構造も、モダニズムの建築家が一般的に好んだような、単純な幾何学的形態や平面構成への傾斜とはおよそ縁遠いものであり、また建物の構造的エレメントである柱にも、杉丸太を各所に使うなどして、日本の伝統的な民家の持つ空間に、意外ともいえる親近感を示している。ただ不思議なことに、この種の《後衛》性、つまり原理的な機能性や風土性や歴史性を前面に押し出した建築は、その後の相田の作品系譜の中へは、ついに一度も姿を現すことはなかったのだ。おそらく彼は、この「後衛の家」の中に盛り込もうと試みた内容を、何らかの理由ですぐに見切りをつけ、二度とふたたびそれを振り返らない、という堅い決心をこの時にしたのではなかったか。というのも、この時の彼の決心、決断がなければ、相田武文はその直後の、彼自身の巧みなネーミングによれば《沈黙の家》のシリーズ、つまり「涅槃の家」(1972)から「無為の家」(1972)、「四華の商」(1972)、そして「サイコロの主題による家」(1973)へと続くシリーズの仕事を着実に展開し、一九七〇年代はじめの日本の建築ジャーナリズムを賑わすことができなかったはずだからである。

かつて「題名のない家」において、平屋の屋根の上に浮かんでいたあのアトリエのキューブが、中空から突然転げ落ちて静止したところに、これらの一連の住宅作品は出現した。それらの建築はいずれも、「基本的な設計の要素は、正方形の平面、シンメトリカルな立面構成、そして白い外壁など」を原則的な特徴として設計されている。(3) 相田が、これらの特徴にあえてこだわった理由は、彼がこれらの「もの自体の感覚性に呼びかけて」、「この感覚性の中にいかに機能をぶち込むか」ということを考えた結果であった。左右対称、正方形、フラットで白い壁面、といった造形的要素を、さまざまな建築的《機能》の前に置き、設計においてそれらの造形性こそなによりも第一義的に重要なものだとして取り上げ、それらを《機能》を包み込む一種の被覆体として使ってかぶせることによって、建築の《形態》がもつ、建築の《機能》に対する決定的な優位を刻印したかった、というのである。つまり「立面をけちな機能から解放し、機能的制約を消す必要」があると彼は考えたのである。(4)

一九七〇年代のはじめの建築界は、日本に限らず世界中で合理主義、機能主義、国際主義、工業主義といった、さまざまなイズムに関わりながら形成された《モダニズム》への信頼が、急速に疑われ始めた時期であったといえる。しかし建築というものが、あらゆる要因に先んじて、そこに納めるべき《機能》を原動力としな

涅槃の家（1972）

がら最終的に形成される構築物だ、という漠然とした観念は、モダニズムに異を唱える建築家たちの胸の中でさえ、その時点でもゆらいではいなかった。それにもかかわらず、《建築》の原動力と目された《機能》を、相田武文はあえて二義的、副次的なものとして退け、その上位に《形態》を、特に彼のいう《仮面》をかぶせて、あえていえば、機能を縛り、叩き、身動きできない状態に縛りつけようとした。これは、「題名のない家」の段階では、まだ潜在的にしか顔を見せていなかった、相田武文の設計の《凶暴》さの、最初の現出として注目されるものである。

しかし相田は、《機能》への《形態》の優位を主張したが、彼が実際に自分の設計する建築に与えた形態は、設計者の自己主張の結果というよりは、どちらかといえばその反対の、自己滅却型の表現形式であった点に大きな特徴があった。涅槃、無為、といった、おそらく仏教用語辞典あたりから、気まぐれに見つけ出してきたように思える、ややネガティブな響きに包まれた言葉からもある程度は想像できるように、一般的な形態至上主義者たちが取りがちな態度、つまり、それまで誰も試みたことのなかったような複雑怪奇な形態や平面計画を建築に与え、そこに自分自身の独自性を強調するといったポジティブな手法ではなく、相田武文は逆にそうした主張を一切捨象した後の、ある種の《無表情》を通して、逆に強烈な自己主張をする方法を選択し、建物をデザインした。私はかつて、相田のこのようなネガティブな自己表示力を、ジャン・ポール・サルトルが提示した、人間存在を《対自存在 etre-pour-soi》と、《対他存在 etre-pour-autrui》という、二つの存在形式から相補的に把握するという方法を借りて、相田のこれらの一連のデザインは、他者のまなざしを受け止めながら生きる、まさに《対他存在》のデザインの究極的な具現化だ、と書いたことがある。(5)

事実相田は、自分の建築へと向けられる他者の遠慮のない視線を受け止め、また強くそれを弾き返すものとしての一種の《仮面》性を、この頃彼が設計した建築に装着させようとした、と書いている。(6) 無表情な埴輪の顔が、非常に素朴で単純な表現を持つがゆえに、かえって豊かに笑ったり歌ったりしているように見えるのとどこかで似通った効果が、これらの家の立面には確かにあった。「涅槃の家」と「無為の家」は、RC壁に設けた開口部に深い見込みを取ることで、フラットな立面に、組積造建築の開口部の持つような奥行きのある陰影をつくり出し、彫像のアルカイック・スマイルに似た表情を持つ建築のファサードを実現して、戦後日本のファサード・デザインの例外的な成功例となった。いい換えれば、このファサードにおいて、《建築》は《都市》の端末の〝顔〟をはっきりと刻印されて住宅地の中に建つことになったのである。原理は「題名のない家」の場合と同じであった。

建築が消える

このような《対他》性を正面に提示した建築が、他者の視線を跳ね返すための《仮面》性をさらに強化し、外からの視線に対して、その内面性（内部空間）を一切外側に明かさない、という決断をしたとすれば、当然ながら、建築はその存在そのものを、他人のまなざしから完全に隠し切ってしまわねばならなくなるのは必然的な帰結である。相田武文は、まさにそうした原始的な情熱に駆られ、《建築が消える》(7) 瞬間の快楽を目指して、自分の設計した建物の上に、実際に大量の土砂をかぶせて隠した。その結果として、地中に生息する生き物が天敵を恐れて自然界の中に目立たないように無心につくり出した、マウンド形の巣穴のような建築が、大阪の富田林市に姿を現したのである。戦後日本の建築史上において、そのユニークな発想で画期的ともいえた作品、「PL学園幼稚園」(1973)はこうして誕生した。私はこの建築の竣工時にそこを訪れて、外部空間の圧倒的な迫力に衝撃を受けるのと同時に、室内空間の魅力が希薄なことにややあきれて、次のように書いている。「建築の対自性への透視もなしに、対他存在の思惟を続けているのも、不完全さにおいては同一なのだ。今度のPL学園幼稚園には、その実存の半片の欠落が露呈してしまったといえる(8)」。

しかし今になってもう一度よく考え直してみると、この時の相田の思惟には、建築の《対自性への透視》、つまり《機能》を拠り所として、建物を内部から外部へと思惟しようとするような設計意欲は、最初からあまりなかったのかも

PL学園幼稚園(1973)

しれないと思えてくる。むしろこの場合の建築家の快楽は、外に対してマゾヒスティックな形態的無表情を貫きながら、逆に内に対してはサディスティックに機能を追い込むという、あくまでも一元的な設計手法が取られていた、とも考えられてくるからである。とすれば一般的《建築》観を憎む、相田特有の《凶暴》さは、ここでも依然として健在であったことになる。

傾斜し、後退する大地の地形や建築の形象に、建築そのものの立面を消去してしまうという「PL学園幼稚園」で示された画期的な手法は、やがてその二年後の、「段象の家」(1975)と「アップテル塩原」(1976)というユニークな二作品に引き継がれて、一つの楽章が終わりを迎える。「アップテル塩原」の場合でいえば、山林地が持っている特有の起伏の中に、別荘地の中心サービス施設を兼ねたリゾート・ホテルを埋め込み隠すために、三分の二勾配の屋根を架け、その傾斜屋根面に合計十五個の屋根窓を配して、例の《沈黙》シリーズの開口部のイメージを継承している。建築をこのような自然の地形や環境に同化させ潜伏させようとする手法は、やがて二十世紀第4四半期において、世界中の建築家たちが熱心に模索することになるテーマとなったが、なぜか相田は「PL学園幼稚園」のテーマをその方向へさらに展開させる意欲を結果的にみると持続しなかった。そのような手法は、彼にはあまりにも《建築》的な手法に思えたからだろう。このホテルの屋根の構造は木造であり、小屋組も特徴のあるものだが、室内にはそのまさに《建築》的な香りの漂うはずの骨格はほとんど見せようとはせず、もし実現していたら「後衛の家」以来となるヴァナキュラー風な内部空間の可能性は、意図的に流産させられている。

さらに、従来の安易な機能尊重型の《建築》理念の《都市》の側からの糾弾という、相田武文の設計者としての経歴の、最初の十年間にわたって執拗に追求されてきた主題は、その思惟の究極的な苛烈さの中で、「段象の家」と題された郊外住宅の、玄昌石が全面に貼られているせいか、どこかで墓石を連想させずにはいないような台形の形態の中に凝結する。相田はこの建築に至る一連の自分の設計過程を表すキーワードとして《沈黙》という言葉をこの頃提出していたが[9]、この《沈黙》はその究極的な静寂の源泉を、ほかでもない《死》によって保証されていること、《沈黙》とは《死》がこの世に残す、ある種の余韻以外の何ものでもないことを、まさに墓碑か墓石を思わせるようなこの「段象の家」が、その衝撃的な輪郭で訴えているようにも見えた。この住宅は、設計に隠された一連の《凶暴》さが、ついに一つの最終段階を迎えたことを暗示するような問題作であった。おそらく相田武文は、この作品を実現する段階において、これが「涅槃の家」以来展開してきた、一連の設計理念の最終的な結論であるという意識を持つと共に、すでに自分が設計者として、建築的な狩場の域外に足を踏み出してしまった狩人ではないか、という不安に襲われていたのではなかろうかと思う。相田が執拗に保ち続けてきた、《建築》解体へと向かう執拗な情

段象の家（1975）

熱は、この地点にまで到達すると、彼自身が必ずしも望んでいたとは思われない《建築》の全面的否定、という事態が避けられなくなってくるのと同時に、それが自分自身の建築家としての存在理由の放棄にも、帰結しかねないものがあることを予感せずにはいられなかったはずだからである。《建築》の解体作業の果ての《死》への直面、という相田の設計手法の、ある意味では避けがたい傾斜は、その後、この建築家に訪れた、死者の霊を祭るためのいくつかの大規模な霊園の計画などを通して、優れたデザインをつくり出すチャンスを与えることになったことは、別の意味で大変興味深い展開であったといえよう。彼の記念碑的な工作物やその周辺の整備といった、モニュメンタルで環境的なデザインの仕事は、「モニュメント・玉造温泉」(1976)をいわば嚆矢として見事に提示されていたが、ここに示されていた建築設計の場合とは異なる相田の自由闊達な筆さばきが、先の大戦における硫黄島の戦没者たちの慰霊施設として建設された「鎮魂の丘」(1983)や、同じような目的で建設された、東京ドーム脇にある「東京都戦没者霊苑」(1988)のような、質の高い建築的環境としてスケールの大きい空間に結実した。また、「西園寺無量寿堂」(1987)や、まもなく竣工するはずの「埼玉県央広域斎場」(1998)にも、同じような自在さと、静謐さのある空間を見ることができるはずだ。

遊戯の中の寛容さ

相田武文の建築的系譜は、一九七二年の「涅槃の家」から一九七五年の「段象の家」に至る《沈黙の建築》の時代に続いて、やがて新たに、一九七九年の「積木の家I」から、一九八四年の「積木の家X」へと至る、設計者自身の言葉を借りれば、《遊戯性の建築》の時代へと移行する。ここで《遊戯性》と呼ばれている、設計上の新しいキーワードは、《沈黙》のエポックの中に、すでに部分的には芽生えていたアイディアの拡大と結実がもたらしたものであったといえよう。具体的にいえば、「PL学園幼稚園」と同じ年に竣工した、「サイコロの主題による家」(1973)がその兆候を端的に予告していた。立方体のそれぞれの面に、サイコロの一から六までのおなじみの賽の目が、窓などの開口部として立面と平面の中に開けられているこの別荘建築の場合も、その六面がもともと《仮面として》考えられている以上、《沈黙》シリーズに属する作品であることはいうまでもないが、しかしこれが《サイコロに付属する多義な意味》をあえて背負うことによって、壁面や床面や屋根面は、当然ながら単なる《沈黙》の中に沈み込み、無言のまま端座しているわけにはいかなくなってきていたのだ。というのも「サイコロは、偶然、疑惑、賭博、白、立方体、かたい音など、さまざまなものを連想」させるからで、「沈黙」とは反対の、華やかな賭場にこもっているような賑やかさやざわめきが、その表面につきまとうからである。[10] 建物は沈黙してはいても、逆に、それを目撃する側から発せられた、乾いた笑いと他愛のない饒舌といったものに包まれて立つことを運命づけられるのだ。

《サイコロ》が《さまざまなものを連想》させ、結果として饒舌な表情を持つのは、その遊び道具としての中立性、つまりどの目が出るにせよ、それは偶然にすぎないという、結果に対する遊び人たちのある種のあきらめや寛容さに由来しているといえる。この結果に対するあきらめや寛容さは、時に笑いとか興奮といった精神の高揚状態を呼び、時に落胆や倦怠感や屈辱感といった一時的な鬱状態を引き出すことができる。というのも彼らは、そこに出た目の必然性とか、その目の持つ意味といったものは一切問わないで、まさに賽の表面そのものにおいて、生きているからである。相田武文は、この遊戯性が備えている、結果の原因に対する不干渉性、という特質を、彼の建築設計の新しい局面の、いわば《切札》として使うことを思いついたのである。つまり《機能》という原因に対する《形態》という結果の間の不干渉性もしくは断絶性を主張しようとしたのだ。その結果として、「サイコロの主題による家」の完成の六年後にはじめて登場した、「積木の家I」(1979)以後の設計者自身の命名による《遊戯性の建築》シリーズが、約五年ほどの間にわたって、精力的に展開されることになった。中でも、相田が建築界から受けた最初の賞であった「日本建築家協会新人賞」受賞の「積木の家I」と「積木の家III」(1981)は、相田

積木の家III（1981）

武文の建築設計の新しい局面を立証するのに格好の作品となった。「積木の家I」は、一階が歯科医院、二階が住居、延床面積約三七〇平方メートルというかなりスケールのある併用住宅であったが、この建築の場合は《機能》がこれまでのように、単一のキュービックな形態の無表情さの内に強引に閉じ込められるのではなく、複数のプライマリーな形態の一見複雑に見えるが、しかし単純な組み立て(積木作業)の果てに、機能をその内側に包み込むという手法がとられている。つまり《遊戯》する者の結果に対する恭順性や寛容性と同じように、設計の結果として現れた建築の《形態》は、サイコロを振り出すことによって得られた賽の目のごとく、偶然性の仮象をかぶって人々の目前に現れる。この場合、建築的《機能》の主体性は、これまでのようなサディスティックな方法とはやや異なるものの、いわば笑い捨てる、といったやり方でやはり否定されるのであるが、しかし《機能》(内部空間)は、《沈黙の時代》のように、建築《形態》に圧殺されそうになることはなく、いわばとらわれの身でありながらも、生存することを許された捕囚の身が獲得するような、限定された自由を得ることになったのである。設計者が、はじめて見せた余裕(寛容さ)によって、相田武文の建築ではほとんどはじめて、内部空間が息をつき、楽な呼吸を始めるようになり、そのぶん建築賞の対象となり得るだけの、社会的な理解と建築界の評価を呼び込むこともできるようになった。たとえば「積木の家I」は、外部形態だけでなく内部空間も含めて、十分に設計の同業者たちを納得させるものであったし、施主もまた満足した。竣工時にこの家を見学した建築家の槇文彦は、デザインに前衛性よりもむしろ《フォルマルなもの》を感じたと前置きして、次のような語句を続けている。「フォルマリズムが建築として本質的にラディカルであることが如何に難しいかをここで見たような気がする」[11]。

時に《フォルマリズム》として見られてしまいかねない《積木》のデザインは、そこに柔軟性と自在性をあえて追い求めると、重大な危険性が生まれるものであることは、設計者自身は、おそらく最初から予想していたにちがいない。つまり、建築家の多彩、多様な積木遊びへの熱中は、そのエキサイトする時間の継続に続いて、ほとんど必ずといってもよいほど、次に倦怠の時間、つまり《積木崩し》への誘惑に逆らいがたい時がやってくる。その《積木の家》シリーズがすでに十作目（一九八四年）を数え、設計者自身が、このシリーズもそろそろお仕舞いにしたいと、珍しく気弱な言辞を書いたある文章の中で、相田は正直にこう記している。「今回のテーマ《積木》は、形態のイメージが先行するため、建築形態のバリエーションは無数に広がる。それだけに当初、《遊戯性》の問題として出発した《積木》も、いつの間にか、形態操作のみに追われる危険性をはらんできた。つまり自分で仕掛けた罠に自分がかかるといったしばりが見えてきた」[12]。まさにそうした事態は起こるべくして起こったものではあったが、この話にはどこか《遊び》の中の笑い、あるいは落語の《落ち》にも似た、滑稽さがつきまとう話であったことも確かだ。事実、《積木》のシリーズは作品数を増やしていくに従って、キュービックな形態が散乱し、その結果最初にあった形態集積の迫力が減じていった。かつて《機能》を追い詰め、それを無力化するために絶大な力を発揮してきたはずのこれらの《形態》が、自分で自分の体を突き崩していくような形で無力化し、固有の効力を失っていき、設計者もまた自縄自縛になっていく様子を眺めて、建築的《機能》は、積木の内側でおそらく笑い転げていたかもしれない。相田武文は、こうした態勢をふたたび立て直して、《積木崩し》

ならぬ《建築崩し》という、彼本来の《ラディカル》な姿勢に緊急に復帰する必要に迫られていた。

形態のゆらぎ、空間の伸張

《沈黙》から《積木》へと展開してきた、相田武文による建築設計の分節的道程は、一九八〇年代の後半から一九九〇年代の前半にかけて、ここでもまた設計者自身によって命名された別の呼称をまず最初に与えられて、新たに第三のエポックへと入っていった。それが「《ゆらぎ》の建築」である。(13) このシリーズの作品は、一九八七年に完成した「梶原邸」「風間邸」「西園寺無量寿堂」という、二軒の住宅と一軒の寺院付属納骨堂から実質的スタートを切り、その翌年の「東京都戦没者霊苑」において、より大きなスケールで環境的に開花した。《ゆらぎ》とここでいわれている言葉は、当時盛んに喧伝され始めていた数学のフラクタル理論などに触発されて、相田が名づけたものらしいが、その内容を相田自身は「ある大きな範囲の中で、秩序体系を超える限界点寸前までの乱れの状態」、「この秩序体系を超えて、新たに別の次元の秩序体系をつくる状態」ととりあえず要約している。そして相田は、多くの場合建築は、立体として量塊的に理解されデザインされることが多いがと前置きして、「こういった三次元の空間構成を、極力二次元的な思考方法で考え」、「立方体から垂直に建つ面相（壁やスクリーンなど）へ極力思考を移す」ように試みた、と書いている。そこで彼が提示した具体的な手法は、建築を構造的な壁や非構造的な間仕切り壁や、衝立や几帳などを基本エレメントとして設定し、それらのエレメントを平行に繰り返して立てていき、さらにその面と面の間に微妙なずれや間隔の違いをつくり出して、空間に《ゆらぎ》を現出させようというものであった。わかりやすくいえば、かつて建築的《機能》を《仮面》の中に封じ込め、続いては無数の《積木》キューブによって積み上げて封鎖し、圧殺しようとした相田武文が、第三の段階に至って、ついにその手に思惟の蛮刀を振りかざして、大根とか蒲鉾を切るかのように《建築》をザクザクと切り刻み始めた、ということになるだろう。

この《仮面》→《遊戯》→《ゆらぎ》への変化を、先の対他性という存在形式の面で比喩してみるならば、《仮面》が墨染めの衣に身を包んだ禁欲僧、《遊戯》が自堕落な衣装をまとった破戒僧、《ゆらぎ》が襤褸《ぼろ》をまとった乞食僧の姿での、相田の《建築》を眺める他者の視線への対応、ということになるのだろうか。いずれにせよ、彼の執拗な《建築》潰しに駆られた設計者としての三十年にもおよぶ行脚は、ここに至って「この秩序体系を超えて、新たに別の次元の秩序体系をつくる状態」を迎えるような

埼玉県川里村ふるさと館（1993）

局面を迎えて、まさに彼自身が一人の乞食僧の姿に身をやつして《ゆらいでいる》のである。

《ゆらぎ》シリーズの最初の成果は、建築的というよりも環境的な作品に実った「東京都戦没者霊苑」を別にすれば、建築作品としてはやはり「芝浦工業大学斎藤記念館」(1990)にあったというべきだろう。平行に配置された大小高低さまざまな壁に、ところどころで線状に空に伸びる列柱群が加わって、構成主義の巨大な造形作品を思わせるような建物の中に、講堂や教室やロビーなどが潜入したこの学校建築は、壁の正面から眺めた時のやや重苦しいイメージとは打って変わって、並立する壁の両側面から眺めた時には、壁の間の透明なガラス壁のおかげで、視線が内部へさらに向こう側へと突き抜け、明快で清々しい印象を見る者に与えている。この印象は内部から外を眺めた時にも同じように経験することができる。この空間の伸びやかさは、相田武文の《沈黙》の時代にも、《遊戯》の時代の作品にも、私たちがあまり経験することのなかった特徴である。《ゆらぎ》のフェーズに入って以来、相田の、例の建築解体へと向かう意欲は、《建築》を細かく切り刻みその空間を分断するという、もっとも苛烈で残酷に思える手法に移行したと見えながら、実は《沈黙》の時代などに比べて、《空間》の扱いに対する彼の態度ははるかに優しくなっており、配慮の行き届いたものに変化していることを、見逃すわけにはいかない。ここでは逆に、内部空間を切断し解体するというよりも、それが背負っていた積年の桎梏《しっこく》を、魔法の刀で解き放ってやらんばかりの、設計者の変心ぶりを感じさせている。その意味では、惜しいことに計画案の段階で中止になり実現しなかった作品、「麦比烏斯《メビウス》」(1993)の場合には、はっきりと無数の壁体エレメントが、《空間》のメビウスの輪ふうのダイナミックな伸展に寄り添い、それを守りながら展開していって、あたかも構造的《形態》が《機能》のサーバントになったかのような、伝統的な主従関係を再現していて注目された。

この《ゆらぎ》の手法は、相田武文がはじめて手がけた公共建築である埼玉県の「川里村ふるさと館」(1993)に大きな結実を見た。《建築》を切り刻むと共に、そのようにして得られた無数の断片的なエレメントを、環境構築物的なスケールで周辺に散開させ、そうしたエレメントの複雑なばらつき状態の中に、建築の内部空間を目立たないように潜ませるという、「積木」シリーズの終局面での、あまりにも苦い経験を逆に生かした形の新手法がここでは大規模に実現されている。すでにこの手法は、「東京都戦没者霊苑」において一部実験的に試みられ、十分に成功の目処がついていたものであったが、設計者はこれをさらに大胆に「川里村ふるさと館」に適用して、大きな成果を上げている。大小のコンクリート版や鉄柱が、あたかもランドスケープ・デザインであるかのように広い敷地の中に散開しており、こうした造形的なエレメントがつくり出す《林》を思わせる人工的環境の中を歩いていくと、突然図書館の何とも清々しいインテリア空間に足を踏み入れたり、福祉センターのカラオケに興じる老人たちのささやかな《遊戯》の時空に迷い込んだりする面白さは、これまで相田の作品ではついぞ経験することのできなかったものであるのはたしかである。そして私は、ここではじめて、今からちょうど三十年前に国立で見た相田武文の処女作、「題名のない家」のコンセプトが、あたかもメビウスの輪の中をくぐり抜けて現れたかのような意外さで、この「川里村ふるさと館」に接続していることを発見したのだ。つまり相田が、「題名のない家」において試みた、《都市》を《建築》の中に貫通させようとする、かつてほとんど無謀とも思えた企てが、埼玉の小さな自治体の福祉教育施設の中に、平和に、しかもきわめて平穏に実現しているのを見出したのである。相田武文の愛すべき《凶暴》さは、ついにここに大団円を迎えた、のだろうか。

（一九九八年記）

［註］

1 小能林宏城「転換の論理——題名のない家が意味するもの」『新建築』一九六八年一月号
2 相田武文「後衛としての建築」『建築文化』一九七一年二月号
3 相田武文「無明の思惟」『新建築』一九七二年八月号
4 註3と同じ
5 長谷川尭「対他の建築の魅力と危惧」『新建築』一九七四年一月号
6 相田武文「仮面としての建築」『都市住宅』一九七三年十二月号
7 相田武文「建築が消えるとき」『新建築』一九七四年一月号
8 註5と同じ
9 相田武文「沈黙について」『新建築』一九七六年二月号
10 相田武文「サイコロの主題による家12のメモ」『新建築』一九七四年二月号
11 槇文彦「平和な時代の野武士たち」『新建築』一九七九年十月号
12 相田武文「遊戯性、積木、そして……」『新建築住宅特集』一九八五年春号
13 相田武文「《積木》から《ゆらぎ》の建築へ」『新建築』一九八七年六月号

キューブ崩し もしくはチューービズムの建築へ

論考——伊東豊雄

いとう・とよお　1941～

京城生まれ。1965年、東京大学建築学科卒業。菊竹清訓建築設計事務所を経て、1971年独立。「ノマド」や「風の変様体」をテーマに柔らかく透明な建築をめざす。せんだいメディアテーク（2000）によって世界的な評価を不動のものとした。構造と外観・内部空間の表現で独創性を発揮しつづけている。

おもな作品に、中野本町の家（1976）、シルバーハット（1984）、風の塔（1986）、長岡リリックホール（1994）、サーペンタイン・ギャラリー・パビリオン（ロンドン、2002）、Vivo City（シンガポール、2006）、多摩美術大学図書館（2007）など。日本建築学会賞（1985、2003）、RIBAゴールドメダル（2006）のほかに受賞多数。

プライマリーな建築形態を忌避する

ル・コルビュジエが後に世界的に知られるようになったそのペンネームを使う前、シャルル・エドゥアール・ジャンヌレという本名を使い、スイスの故郷ラ・ショー＝ド＝フォンで設計活動をはじめていた一九一四年頃に考えだしたと主張している《ドミノ・システム systèm Domino》と呼ばれる近代建築の概念図がある。伊東豊雄は、近代合理主義建築、一般にモダニズムの建築と呼ばれている一連の建築のもっとも原理的な骨格は、この《ドミノ》の図に集約的に表されていると繰り返し語っている。二列に並行して一定間隔に立てた六本の柱で支えられた三枚のスラブの間を二つの階段が繋ぐ、鉄筋コンクリートの構造体の図。その柱の平面上の配置とスラブ間の高さがもっている一定の規格寸法を基にした水平・垂直方向への伸展性。壁体ではなく柱が支えることによる平面計画の自由さ。さらにはその骨格を立面で被覆する荷重を負わないカーテン状の外壁や室内の間仕切り壁。これらが結果的に生み出す単純な「箱」を思わせる幾何学的形態。このドミノ・システムから流れ出した箱状の幾何学的形態とそれが内包する室内空間は、やがて一九二〇年代の中頃、ル・コルビュジエが次の段階での提案として示したピロティ（つまり柱列が最下層の床スラブを突き抜けた状態）によって、中空の、大地から切り離された位置にまで持ち上げられていく。こうしてドミノを内蔵する建築的初原形態《プライマリー・フォーム》（des formes primaires）は、ル・コルビュジエがいう「光の中ではっきり見える初原的《プライマリー》な形態《フォーム》は美しい」という、歴史的には明らかに古典主義に由来する建築美学によって補強されて、モダニズム建築の設計システムと美学の原点を形成して、やがて世界中に広まっていったのである。

興味深いのは、建築家伊東豊雄が、ル・コルビュジエが二十世紀の建築家たちに熱心に推奨したこの、〈プライマリーな形態を持つ端正な箱型のシルエットと、その中に潜む構造的な秩序の表出〉というモダニズム建築に不可欠とされた命題への服従を、自分の設計活動の最初期の段階から、かなり意識的に忌避しようとしてきた形跡が認められる点である。おそらく彼の設計になるものとして最初期に雑誌に発表された作品である「アルミの家」(1971)以降、少なくとも一九八〇年代にいたるまでの大小さまざまな作品の形態をあらためて振り返ってみても、ル・コルビュジエのいうような純粋な初原的形態(球・立方体・円筒・円錐・角柱・角錐など)に類するシルエットを備えた建築作品は、一部の小規模な住宅作品を除いてほとんど見当たらない。初期の作品での唯一の例外は、建築とはいえないかもしれないが「横浜風の塔」(1986)であろう。楕円形の平面をもつ簡潔な円筒形のこの構築物の形は、実際には、プライマリーな形態を人の目にストレートに印象づけようとして伊東が選んだものではなく、夜間に行われるさまざまな光の演出を通して、一見堅固に見えるその形態を周囲の都市空間の中に解体、流出させる、というむしろ逆の目的のために選ばれていたことが明らかである。それはミース・ファン・デル・ローエが第一次世界大戦直後に発表したガラスのスカイスクレーパー計画に限りない魅力を感じながらも、後に彼がアメリカで造った全面ガラスの超高層建築にほとんど惹かれるものがない、という伊東の美学にも連続する。あるいはまた「PMTビル―名古屋」(1978)のケースでは、一、二階のショウルームと三、四階オフィススペースという異なる機能を持つ二つのキューブがあるが、この二つを重ねた後でずらし、さらにファサードの下層部と上層部を互い違いに波打たせて「軽いファサードの実現」を目指している。むしろそこで目立つのは、建物の立体的性格を消し、視覚的な解体のために揺らいでいる壁の方であり、それについて伊東は「風が吹くと紙のようにヒラヒラと舞うファサードをつくりたかった」と書いている。(1)

伊東は、こうした初原形態のエクステリアを、ル・コルビュジエのご託宣の下にいた一般的なモダニストたちにとってはある意味では驚くべきことであったが、彼らが一種の倫理的規範のようなものとして死守していたのとは反対に、「アルミの家」以来、できるだけそれを切り刻み込んで形の輪郭を複雑にし、同時に内部空間を取り囲む壁などの立面も重量感や存在感を表出しないように、つまりは〈軽さ〉を出すために、あえて軽金属、ガラス、プラスチックなどの軽快な工業材料を多用した。またさらに、意識的に内外空間の透視もしくは半透視を可能にし、量塊固有の重さを解除していったのだ。その意味では例外的に見える初期の伊東の代表作「中野本町の家」(1976)のファサードとして、街路に面して広がる無窓のコンクリートの広い壁面の場合にしても、打放しの壁が荒々しい肌を誇らしげに見せつける、といったモダニズムに特有の表情ではなく、円弧を描いて両端を後退させながら、そうして立っていることがどこか面映《おもは》ゆいというか、できることならこのままの状態で地中に沈み隠れてしまいたい、といった風情をただよわせているかのようにさえ見える。「中野本町の家」はその後すっかり蔦に覆われることでその気恥ずかしさをどうにか隠したように見えるが、ちなみにちょうど同じ年に大阪に完成した安藤忠雄の出世作、「住吉の長屋」の狭い街路に面した、玄関以外にはまったく開口部をもたない打ち放しコンクリートの、雄々しいというか、周囲に対してやや強引で居丈高にも見えるファサードと好対照をなしているようにも思える。

建物のもつ鉛直荷重と、それを支持する構造体(たとえば柱や壁)の間の葛藤といった、古代から

中野本町の家（1976）

シルバーハット（1984）

近代に至るまでの建築史のあらゆる場面に現れている、ある意味で俗っぽくもあるドラマを、「自分のデザインする建築の上では見せたくない！」とでも叫んでいるようにも見える伊東が、特にこだわってきたのはこうした〈壁〉の表現のほかに、その上で直結する〈屋根〉があったことは、彼の設計に少しでも関心をもつ者ならばすぐに気付くだろう。伊東の自邸で、彼の実姉のための「中野本町の家」と同じ区画の中に建った「シルバーハット」(1984)。この七つのヴォールトは、工場で製作された菱形の鉄枠を現場で組み立てたものだが、特に中庭の上に架けられた大部分が裸の骨組のままの屋根が、伊東のいう「仮設性・即物性という新たなテーマ」をきわめて直接的に表現していて、全体のバラック的様相とともに、竣工時には私たちをさすがに驚かせた。同じ屋根の〈軽さ〉への志向は、「馬込沢の家」(1986)などの住宅作品においてより鮮明に追求されていくが、これがやがてさらに発展して、あたかも風を孕んだ帆船の帆が描く弧を思わせるような「八代市立博物館・未来の森ミュージアム」(1991)をはじめ、「長岡リリックホール」(1996)などの、いくつかの公共建築の規模の大きい美しい屋根の中に展開されていく、その貴重な伏線となっていたことはとりあえずここで記憶しておかなければならないだろう。

八代市立博物館・未来の森ミュージアム（1991）

建築の「重く強く」ある姿への違和感の表明

「形式に自らの身体を没入させて、不透明な存在の厚みを纏《まと》わせた建築の強さを否定はしないし、建築はかつて重く、強くあるべきであった。だが今日の建築において、そのような強さや重さは求められるべきものなのか。平坦で均質な近代の日常の中に居る人びとに、それは力で異化された聖なる空間を現出してみせる。その形式の強さは、ほとんど強迫的に喪われたコスモスの形骸を構築してみせる。[2]」

これらの言葉からも分かるように、伊東は、建築の内外を支配する力の流れ、そうしたヒエラルキーがもたらす葛藤劇といった、大昔から建築家たちが建築表現上の原動力として使い古してきたような古典的な表情を自分の設計する建築の上に刻印することに、かなり強烈な違和感もしくは嫌悪感を抱いて動いてきたことはたしかだ。なぜ嫌悪するのか、という問いに対しては、「平坦で均質な近代」の生活の中に生きる人間たちには、そうした大げさな重厚さは基本的に似合わないものだから、と彼はいう。同時に、設計者としては、たとえば先の「シルバーハット」を例にして、ル・コルビュジエの建築が「内／外の概念がはっきりしている」のに対して「私は内／外の境界のない建築をつくりたい」からだと前置きした後、そうした欲求は、東西の建築家の自然観の違いから来るといった一般的な理由以上に、「情報化された社会」あるいは「エレクトロニック・エイジ」に生きる人間の新しい身体性に呼応しようとした結果だと彼は説明する。[3]というのもまさしく「メカニカル・エイジ」に生きたル・コルビュジエの場合と違い、情報化社会の人間は、それまでの人間が持ってきた「実の身体」（肉体）だけでなく、それに加えて「虚の身体」（情報によって形成された新たな身体性）という二つの身体を同時にもっており、伊東はル・コルビュジエ時代にはなかった後者「虚の身体」の、現実の肉体感覚をはるかに超えて伸延する身体感覚に建築的に応えようとするなかで、「半透明の皮膜に覆われた」ような「シルバーハット」を設計したとも書いている。いい換えれば、プライマリーな箱の中にこうした身体を閉じ込め密封することは、伊東の目にはもはや無意味な、時代錯誤の試みであるように思えたようなのである。

多分同じような理由によって、伊東の初期から中期にかけての作品のなかに、ル・コルビュジエが「近代建築の五つのポイント」を挙げたうちで、なによりもまず第一番目のポイントとして掲げた「ピロティ」が姿を現すことはなかった。なんと私たちが伊東の長い作品歴のなかで、最初にまともなピロティらしいピロティの表現に出合うためには、じつに二十数年の歳月が経った後の「八代広域消防本部庁舎」（1995）まで待たなければならなかったのだ。しかも消防車を建物の真下に入れ、同時にそこを公園化して市民に開放するというはっきりした目的で実現したこのピロティにしても、重力と支持のドラマといった表現性は大幅に薄められている。たとえばル・コルビュジエが戦後、あのマルセイユの「ユニテ」で示したような、怪力をもつ巨人が集合住宅の量塊を太い脚を踏ん張ってぐいと持ち上げてみせているかのような、力感にあふれた柱脚にしないために、ピロティと二階の柱の接合部をあえてピン・ジョイントにして、それによってピロティの鉄柱は、普通は耐震性を重視して異様に太くなりがちな一般的な日本のピロティに比べれば格段に細く、頼りなげに見えるほどにスレンダーな柱を実現している。

このような、細い、どちらかといえば力学的な強さというよりも、ニュートラルな伸びやかさを訴えるスティールパイプの柱列は、一九九〇年代の伊東作品の建物の内外にしばしば顔を出しており、彼の流動する建築空間において重要な意味を持つ休止符的な役割を果たしている。たとえば「長岡リリックホール」のホワイエに立つ、その位置関係に規則性をまるで見せない高い柱の林立や、ホワイエの先のテラス上の軒を支える無梁版構造に特有の鋼製柱頭を持った逆V字型の傾斜柱などは、二〇〇〇年代以後の作品、たとえば「せんだいメディアテーク」(2000)のユニークな円筒柱の出現をどこかで予感させているといえなくもない。

すべては建築的《キュービズム》への反抗から始まった

伊東のいう、建築的「メカニカル・エイジ」の先導者であったル・コルビュジエが首唱したような、キューブ(立方体)をあらゆる形の基本単位として置き、それの水平・垂直方向への規則的な増殖の中で作り出されるプライマリーな形態をモダニズム建築の設計手法の原点とするような考え。仮に今ここで、こうした考え方の歴史的な流れを、二〇世紀建築における建築的〈キュービズム(Cubism)〉の系譜として名付けておくとすれば、これまで概略を見てきたことでも明らかなように、伊東は設計活動を始めた最初期の段階から、反《アンチ》〈キュービズム〉の建築家であったことは改めて確認するまでもないことだろう。反〈キュービズム〉の立脚点に立って、さまざまな角度からキューブ崩しを試み、その過程を大切な自分の設計の糧《かて》としてきた一九七〇年代から八〇年代前半にかけての伊東が、次の段階、つまり八〇年代後半から九〇年代にかけてのステップで自らの作品に示したもうひとつの新しい手法は、キューブ的性格を平面においても立面においても崩し去った後の建築空間を、最終的に大地の中に半ば埋没させ、それまでの彼の作品にはやや希薄であったように見える、視覚的な安定性を建物に獲得させる、というものであった。この時期はまさに日本経済の〝バブル〟期であり、同時に建築的キューービズムの狂乱期でもあったが、伊東はこれによってそうした社会的狂気から自分の設計する最前線の建築を守る、文字通りの塹壕《ざんごう》、砦としたのだ。

このやり方を彼が最初に試みたのは、「サッポロビール北海道工場ゲストハウス」(1989)であったことは、彼がこの建築の完成時に書いたエッセイを読むとすぐに理解できる。[4] 北海道の冬の、一面の雪に埋もれ一本の樹木の姿さえ見えないような広大な敷地を伊東が初めて目にした時、それまで都市内でやっていたような「建蔽率や容積率や斜線制限といったさまざまな規制を重ね合わせていくと、ほとんどオートマティックに外形が姿を現してくる」ような設計方法はここでは通用しないと直感する。「帰途、これは建築を地中に埋めてしまうしかないと思いはじめた」と彼は書くのである。北海道の自然の中で、キューブを解体していった後の薄い皮膜のような、常に「風」に曝されっぱなしのような彼の建築では、とてもこの環境に持ちこたえられない、だから「地下に埋めてしまえば安全だし、厚くて重い壁や屋根を外にさらさなくてすむ」と考えた。伊東自身が書いているように、そうした解決法はたしかに「動機は不純であった」かもしれないが、結果として「環境を形成するひとつの要素として、建築を環境に同化」させ、「自然と一体化させてしまう」方途をここで彼は見出したのである。

ある意味で伊東は、行きつくべきところにいつの間にか到達していた、ともいうことができるかもしれない。建築の〈キューービズム〉を追求する側は、常に自然の形態や景観に対して、幾何学を武器にしてどこかで自然に敵対し、自然への支配力を建築に刻印することを目論んできたといえる。伊東が〈キュービズム〉の思惟や美学に反発したのは、まさにそうした性向を見抜き嫌悪していたためであったとすれば、彼が自分の建築を地下に半ば埋め、形を隠して、「自然と一体化」させようとしたのは、これもまた当然の帰結ともいえたからである。建築を盛土によって地中に半ば埋めるという手法はその後、「サッポロビール」に続く「八代市立博物館」において造成された盛土を媒体とし、都市と建築が非常に滑らかに交流する見事な景観を実現し、さらに「長岡リリックホール」へと展開して、一九九〇年代の伊東作品を彩る重要な流れを形成することになった。

水の流れと淀み——プランニングへの視界

これまで見てきたように伊東豊雄は、建築の上に立てられた垂直軸上のドラマ、いい換えれば建築にかかる重力を背景とした力学的なヒエラルキーを、建築デザイン上で表出することについてはほとんど何の関心も示してこなかった、もしくはその種の表現はできるだけ回避したい、とする基本的な方向を維持してきた。他方、これとは対照的に、建築や都市にかかわるもう一方の軸、重力のヴェクトルに直角な平面、つまり水平面上での思惟と表現という方向について考えてみると、私たちは伊東が若い時代から固執していた魅力的なさまざまな建築表現上の課題に出合うことになる。そうした強い指向性を持つ伊東の関心を断片的に示す言葉として、彼の口からしばしば発せられたのは、たとえば〈流れ〉という言葉であり、ときにそれは〈風〉であったりもした。いうまでもなく、それらの単語は、地球の地表面上に起こる液体や気体の流動的な移動性を指した言葉であるが、彼はそれを彼自身の建築設計におけるキーワード、なかでも特に、プラニングと内部空間の基本的な特性として示そうとした点に特徴があった。

彼は、一九九〇年に「ポスト・モダニズムをめぐる問いに答える」と題した、『建築雑誌』のアンケートに答えた文章の冒頭を次のように書き出している。「私は自分の建築をつくり始めた時、もの（オブジェクト）としての建築にはほとんど興味がなく、〈流れるような空間〉にのみ、強く惹かれていたように思います」。自分が独立して設計活動を始めて以来今日に至るまでの間に、自分のデザインも表面的にはいろいろ変わってきたように見えるかもしれないが、「しかしそうした見えがかりの変化にもかかわらず、川の〈流れ〉と〈淀み〉に喩えられるような流動的な空間に対する関心だけは一貫して変わらなかった」と彼は書いた後、具体的な自分の最初期の作品、「中野本町の家」、「PMTビル―名古屋」、「笠間の家」、「シルバーハット」などを挙げてそうした特色を具体的に論じている。確かにこれらの建築を改めてながめてみると、いずれもプランに特徴がある。これらの伊東の初期作品では一般的な、建築が各種の機能で分類された〈部屋〉とその〈集積〉として成立することを極力避けたプランニングが見出され、その結果として内部機能の連続性、空間の流動性の確保が強く意識されていたことが分かる。「つまり人びとの空間体験において人びとが集う場を中心にして生ずる濃密な幾つもの〈淀み〉の空間と、それらを緩やかに結ぶ曖昧で空疎な〈流れ〉の領域とが分布されてくる訳ですが、そのような分布の〈状態〉に最低限のシェルターを架けてやれば、ただそれだけで発生過程の柔らかな建築が生じてくるはずだ、と言うのが私の考える建築の理想状態です(5)」。

伊東は、建築の内部空間の連続性、流動性といったものを近代建築の歴史の中でもっとも鮮烈に彼自身に経験させた作品例として、ミース・ファン・デル・ローエが、一九二九年のバルセロナ万国博覧会のために設計し、閉幕後一度解体されたにもかかわらず、約半世紀後にその地に再建された「ドイツ展示館《パヴィリオン》」を挙げ、次のように書いている。

「バルセロナ・パヴィリオンの透明さは澄み切った空気のようなそれではない。水中で何かを見るときのような液状空間の透明性であり、むしろ半透明性と言うべきかもしれない。この空間に限りない流動性を感じるのは、そうした液状の空間であるからに違いない。ここでの空間体験は、空気の流れを感ずるのではなく、まるで水中をゆっくりたゆたうように徘徊している印象なのである。その印象こそがこの空間を特異なものにしている所以である。(6)」

キューブとしての完結的建築形態を壁とガラス壁と屋根という基本エレメントに徹底的に解体することを通して、その代償として珠玉のような空間の流動性を獲得したこのミースの初期の代表作のインテリアを前に、同じようにプライマリーな建築形態の解体作業を続けてきた伊東豊雄は、その流動性の内容を鮮やかに、「まるで水中をゆったりとたゆたうように徘徊している」、と表現した。この「たゆた(揺蕩)う」がごとき揺らぎと、軽い抵抗感をふくんだ実体性をもつ空間の流動感覚こそが、伊東の建築空間を解くもっとも重要な鍵となる空間体験として、この後の彼の設計に影響を与えることになる。

建築的キュービズムの平面計画の基本は、単純な機能に純化・特化された部屋をひとつのキューブとしてまとめ、やがてその他の機能を帯びた種々の部屋キューブを集積して一軒の家、一棟のビルとしてより大きなキューブに纏め上げていく、という過程を踏み、最終的にそれを文字通り合理的に、つまり良きレシオで、良きプロポーションに纏め上げていくことを目指すやり方である。これに対して伊東は、こうした機能を純化されたキューブ、部屋こそをまず解体し、部屋と部屋の区画区分も取り払って、まさに空間が家の中を水か空気か、そういった流動体のように〈流れ〉させたいと最初から目論んでいたように思える。その結果、建物、つまり流動するその内部空間を包み込んでいる構築体は、彼の言葉をそのまま借りるならば「シェルター」、もう少し的確な言葉をここで探すならば、移動する流動的な内部空間を包んで保護する〈チューブ〉状、もしくは柔らかいシリンダー状の構築体となって姿を現すことになる。伊東が先に挙げた初期作品の平面計画を見ればすぐに了解できるはずだが、なかでも「中野本町の家」や、「笠間の家」の内部空間を包んでいる外皮としての壁や天井・床は、まさしくチューブとかシリンダーといった物が持つような、流動体を包み誘導するための空洞的性格を見せていたし、もともとそうした方向を意図してデザインされた建築であったことは明白である。

いうまでもないことだが、それらは決してプライマリーなキューブを目指してデザインされた結果ではなかった。仮に先にコンクリート壁面の差異の例として出した、安藤の「住吉の長屋」と、伊東の「中野本町の家」との比較で考えれば、一方は明らかに建築を初原的なキューブにいかに近づけるかという点を目指して設計された建築であったはずであり、他方は逆に、根底でキューブを否定しながら、チューブ性にこそ建築形態の理想があることを予感しながら設計された住宅であったことは、プランを見れば一目瞭然、だれでもすぐに理解できるに違いない。

チュービズムの建築美学

「世界は大小さまざまな立体《キューブ》の集合体として描き出すことができる」、とセザンヌがいったことからフランスの近代美術史上の「キュビスム」(Cubisme)、英語の「キュービズム」が始まったことはよく知られている通りだが、このキュービズムの美学的な流れに対して、他方に「チュビスム」(tubisme)、あるいは英語でチュービズム(Tubism)と呼ぶことのできるような美学的な潮流があるのではないか、という問題提起を、一九八〇年代初めに私は、詩人の谷川俊太郎、国文学者の前田愛との三人の共著で行ったことがある。(7)たとえば地球上のあらゆる生物をその形態(外部に見える肢体)によって分類、分析する作業が生物学において続けられてきたのと同時に、それらの生物を、体の内側、体内にある管、たとえば消化器、循環器、分泌器官などといったさまざまな器官を構成している〈チューブ〉の集合体として捉える研究も行われている。

また、たとえば樹木が一本地上に立っているとして、キュービズムの画家たちは、その樹木の外形を幹や枝や葉の、大小の円筒形や円錐形や立方体の集積として描き、さらには青く茂った葉の全体をひとつの球形状のフォルムとして描出するかもしれない。しかしこの樹木は同時に、地中に張り巡らせた毛根から集めた栄養分が、やがて幹に集められ、束ねられた無数のチューブの集合体ともいえる樹幹の中を上昇する、そうしたシステムであるとまず考える。そして、樹液が幹の先で各枝に分かれてやがて葉に至り、最終的には無数の葉脈の先端にまで栄養分を届ける……。とすれば樹木は、「無数のチューブの集合」として画家たちは描き出すことができるかもしれない。つまり無数のチューブが作り出す有機的なシステム、という視点をもとに、この地球上のあらゆる生きもののあり方を把握する重要な視点がそこに暗示されているのではないか、と私たちは考えたのだ。とすれば、建築も「キューブの集合体」として追求するだけではなく、「チューブの集合体」、つまりチューブ的空間のさまざまな変容体として考え、設計することができるのではないか……。実際問題として、私たちが生きているこの地球自体を、球形のプライマリー形態として一般に把握されることが多いけれど、すべての生命体がその生を約束されているのは、その球形の地表面を薄く薄く覆っている大気圏という球状に展開され、また閉じられた、変形チューブの空間そのものではなかったか。美術や建築などの造形的表現芸術の世界でもまた、チューブの美学の中で捉えて論ずるべき歴史的視点と、独自の内容や志向性があったのではないか、それを掘り起こすという発想が、その『宣言』の発端にはあったのである。

伊東豊雄もまた、まったく同じような視線を早くから自分の建築の上に投げかけていたことが、彼が発表した初期のエッセイに注目すると、たとえ断片的であったとしても、鮮明に読み取ることができる。たとえば彼が一九九〇年にある建築雑誌に発表した文章では、ウィトルウィウスからレオナルド・ダ・ヴィンチにいたる完璧なプロポーションを表示したとされる人体図を一方に提示しつつ、これとは逆に「人体をさまざまな流れの運動体として捉える」ことも可能だとし、「人体各部は水の流れの具象化、可視化、固定化であるばかりでなく、それらの集積された人体もまた連続的に変化する状態そのもの」ではないかと書いている点などは注目に値する指摘であったといえるだろう。もちろんここでは〈チューブ〉、あるいは〈チューービズム〉といった言葉はまったく使われてはいないが、彼が指摘しようとしていたのは、まさにこのことであったことは疑いもない事実だからである。

彼がこの文章を書いたのは、先に地中に建築を沈み込ませるというアイデアを最初に考えたと告白していた「サッポロビール北海道工場ゲストハウス」の完成時であった。そのことからもわかるように、この頃から、敷地に余裕があり比較的規模の大きい公共建築（たとえば博物館や市民ホール）などの建築のプランニングにも、まさに川の水が高きから低きに緩やかに流れ、時には渦まくが如き、ここでいうチューービックな平面計画を展開させていた。彼は建築設計に一般的な、方形、長方形の輪郭を持つ平面計画はもちろん最初から前提せず、多くの場合、緩い円弧を描いて伸び広がるガラス壁や屋根の軒線などが誘導するような形で動線を伸張させ、これにつれて、内部空間が連続的に、まさに流れるが如く、エントランスから主要空間（たとえばオーディトリアムなど）にまで至るように空間を展開させていくのである。こうした一連の建築に示された伊東の闊達なプランニングには、二十世紀初頭の〈チューービズム〉の建築の展開に深いかかわりをもっていたと考えられる表現主義建築の中での機能主義的プランニング手法、たとえばハンス・シャローンの建築デザインにみられるような有機的なプランニングからの、直接、間接の影響があったのではないかと推測される。

同時にそれらの内部空間は、その流動性にふさわしい外殻的「シェルター」として、チューービックで軽快な曲面を持つ金属屋根が架けられていった。たとえば、「下諏訪町立諏訪湖博物館・赤彦記念館」(1993) や、それに続く「長岡リリックホール」などの屋根と、その下の空間がまさしくそれである。そのほかに、かならずしもチューービックな曲面屋根をもたず、ル・コルビュジエ風なフラットルーフを与えた建築作品や計画案においても、その内部空間の水平方向への伸展性を外形として表現するために、建物の断面を四角い管の形に見立てて、異様に思えるほどに水平方向に直線的に突出させたり（「ホテルP」［1992］）、その函形の管をピロティで中空に浮かせつつ、最終的に円環状に巡らせて完結させたり（「東京フロンティアプロジェクト」［1995］）して、設計者のチュービスムへの初歩的なこだわりを現わしている表現も少なくない。しかしいずれにせよ、流動性にあふれた内部空間にそのままチューピックな建築的外殻を与えるという、伊東がこの時期に自分に課していた課題が最終的に解決されていくには、二十世紀が終わりを告げ、新しい世紀に入っていく頃まで、もうしばらくの時間が必要であった。

キューブの中をチューブが貫通する

二〇〇一年九月十一日、二十世紀の工業社会を象徴するともいえる二つの巨大なエネルギー凝縮体（同時に消費体）が本来決して交わるはずのない地点で激突するという、人類の歴史に前例のない驚くべき悲劇が起こった。キュービックな基本形態を、一時は「世界一高いビル」という称号を捧げられて、天空に向けて誇らしげに伸張させていた二棟の超高層ビルに対して、高空を超高速で移動するために、チューブ状に形を整えられた航空機が二機、テロリストたちに乗っ取られた状態で、ニューヨークのマンハッタン島の端で突入したのだ。建築に携わる世界中の多くの人たちは、このような残酷なテロを心から憎むと同時に、スカイスクレーパーといった巨大な幾何学的形態を持つ建物を地球上に続々と生み落としてきた二十世紀の高度化された工業社会と、それが育んできた建築・都市に関する思想、ここでいうモダニズムの建築・都市思想が、その喧伝者たちがかつて声高に朗らかに主張していた通りに、はたして正当かつ必然で、また不滅のものであったかどうかについて、改めて考えずにはいられなくなったこともたしかであった。新しい二一世紀の建築や都市は、こうした悲劇に帰結するような二十世紀の建築や都市に関するものと、同じような美学、手法、思想のもとにつくられ続けて行って果たしてよいのかどうか、と。二十世紀のモダニズムの神話はこの時点でほんとうに終わったのではないか、と。

伊東は、ニューヨークの悲劇の約八ヵ月前、日本の東北地方の最大都市、仙台市の中心部の一角に、ニューヨークの事件の建築物と原理としては同じ、〈キューブ〉のなかを〈チューブ〉が貫き、〈キューブ〉のもつ完結性を根底から覆すという、考えようによってはきわめて過激な基本理念を、自分が設計した建築の上に見事に具現化した、一棟の非常に注目すべき公共建築をオープンさせていた。マンハッタンで起こった事件は、歴史のなかでの二十世紀の建築の意味を否応なく私たちに問い直させたが、伊東が仙台に造った建築は、建築の歴史における〈二一世紀〉という新しいエポックの開幕を奇異な構成を通して私たちに告げるのと同時に、二一世紀の建築とその空間の方途、行く末、といったことを、多分に暗示的にではあったが指し示す内容をもっていた。

「せんだいメディアテーク」と呼ばれる、市立図書館、市民ギャラリー、映像メディアセンター、視聴覚障害者相談所など、複数の異なる機能がひとつの建物の中に複合的に入ったこの公共建築は、一九九五年に行われた、磯崎新が審査委員長を務めた（彼のここでの功績は特筆すべきものがあった）公開設計競技において一等に当選して実現したものであった。背の高い街路樹が並ぶ定禅寺通りの幅広い街路に面した四、〇〇〇平方メートル弱の敷地に、建坪三、〇〇〇平方メートル、総面積二万一、七〇〇平方メートル　というヴォリュームで、高さ約三〇メートル（地上七階＋塔屋、他に地下二階)、各階の平面が五〇メートル×五〇メートルの正方形の床をもつ、まさに箱型の建物が完成した。伊東はこの建築を自分で紹介するときに、建物がわずか三つのエレメントによって構成されていることを最初から強調している。それは「プレート」「スキン」「チューブ」の三つ、つまり各階のプレート状のサンドイッチ型合わせ鋼板の床スラブ、スキン状のガラス面による正面外壁、そして各階の空間を連結しながら、同時にランダムな位置配分にもかかわらず、確実に上階からの荷重を受けて立っている十三本のチューブ状の構造体の三エレメントである。

伊東が、コンペの応募時点から自分と密接な協力関係を築いてきた構造技術者(佐々木睦朗)らに基本的コンセプトを表すものとして示していた、「一九九五年一月二三日」の日付と伊東のサインのあるスケッチが残されている。そこにあるメモ風の書き込みには、「徹底的にフラットスラブ、海草のような柱、ファサードのスクリーンの三要素だけをピュアに表現する、それぞれのエレメントを構造的にとことんstudyしシンプルにすることに全力をあげる。これ以外はすべてvoidにしたい」と記されていることからも、先の三つのエレメントの純化の方向は、この設計の最も早い段階から出されていたことが分かる。ここで彼が「三要素だけをピュアに表現する」と書いている理由は、伊東が後に明かしているように、この建築の設計のひとつの目標が、ル・コルビュジエが一九一四年に提示した例の「ドミノ・システム」を超脱した、伊東自身のドミノ・システムを実現することにあり、それを仙台で提示したいと心に決めていたからに他ならなかった。厚く重いRC造のスラブと、その床を規則的に立って支持する柱列と、各階をつなぐ階段。そのシステムが外皮で覆われたときのキュービックで、プライマリーな形態と、それが示す力学的な秩序《オーダー》・序列の表示。ル・コルビュジエのドミノが知らず知らずに背負っていた西欧の古典主義美学に由来する、建築の箱としての重厚さと、その重さが建物上部から大地へと向けて一方的な力の流れとして降りていく、といった方向性の表現を、伊東は仙台で徹底して打破しようと試みる。床スラブの平らな身を、削ぎに削いで薄く軽くし、外壁は透明な皮膚のような意識外のものとして消し去り、さらには上下階を繋ぐ柱や階段を、海の中でゆらいで漂う、重力からほとんど開放されたように見える「海草」のようなものに見立てることによって超克する。「せんだい」の最初期の文字通りラフなスケッチのなかにさえ、伊東が若い頃から持ち続けてきた、モダニズムのなかの古典的〈キューブ〉性を破壊し壊滅させようとする激しい意志といったものをすでに十分に窺わせていたのだ。

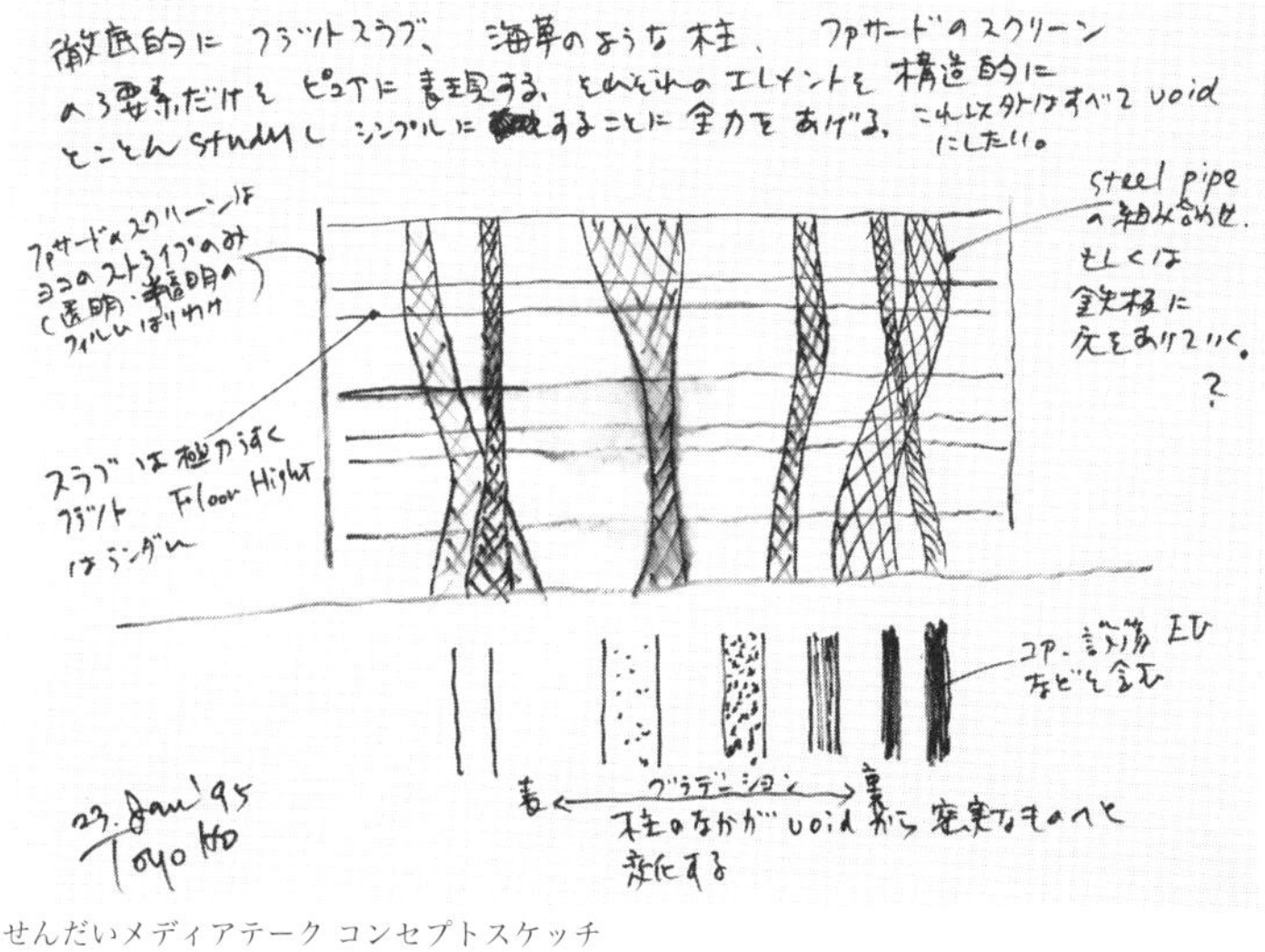

せんだいメディアテーク コンセプトスケッチ

このような伊東の独創的であるとともに原理的な空間のイメージをもとに、彼に最初から協力していた佐々木睦朗の非常にすぐれた構造家としての発想力と、彼の問題を解決へと導く柔軟な思考力よって、最終的に実現した「せんだいメディアテーク」は、地上六枚の五〇メートル四方の鋼製プレート・スラブが積層する地上六階分の建物の内部空間として、かつて伊東がミースのバルセロナ・パヴィリオンで経験したと語っていたような、あのややねっとりした「液状の空間」を実現させることに成功している。伊東は、そこを訪れた人々が「まるで水中をゆっくりとたゆたうように徘徊」できる空間体験を提供したのだ。同時に連続する空間を移動する人たちは、伊東が示した川の流れのアナロジー、つまり水の〈流れ〉と〈淀み〉の互いの〈場《フィールド》〉の交錯をも経験して楽しむことができる。つまり整合性のある等間隔配置ではなく、川中に恣意的に立てた杭のように、ランダムな位置で立ち上がる大小さまざまな径をもつ柱体が、流れ（動線）に対して作り出す淀み（停留点）を、自分の体で味わう稀有の経験をするに違いない。もちろん彼ら自身の身体は、その〈流れ〉と〈淀み〉のドラマの外にあるのではなく、まさに「たゆたうように」その中に巻き込まれている。伊東は、この時の人の身体は、かつて別の場所で指摘していたように、「人体各部は水の流れの具象化、可視化、固定化であるばかりでなく、それらの集積された人体もまた連続的に変化する状態そのもの[8]」であることを証明する。言葉を換えれば、自分自身の身体がチューブの有機的な集積体であることを意識すると同時に、自分の身体が位置する場所もまた、まさしく不可視の空間的液体の流れるチューブ状のシェルターの中だ、と自覚するのだ。

伊東は「せんだい」の〈キューブ〉の中に、手品師がトランプを裏返すかのような熟練した手際

せんだいメディアテーク（2000）

の良さで、内部空間をチューブ化することに成功したが、当然この空間の特別な変質は、日常的な人の目にはっきりと見えるような種類のものでなかった。そこでの空間を裏返す時の手品の仕掛け、種《たね》を、伊東はこの建築のどこかに仕込んでおく必要があった。その手品の種こそが、伊東が自身の建築のエレメントのひとつを示す言葉として、おそらくここで初めて使ったと思われる「チューブ」と呼ばれる、構造と設備と動線を目的として考えられた三つ目のエレメントであったのである。最初「海草のような柱」と書き、実際には「海草」というより、遠くから見たときに、大小何本かの樹木とか、竜巻、あるいは龍のようなものが身をくねらせて踊っているかのような印象的なスケッチに添えた例のイメージ図に、さらに「Steel pipe の組み合わせ。もしくは鉄板に穴をあけていく。?」とも書き込んでいる。「柱」は、このスケッチの段階では、プライマリーな形態を与えられた建物の中を、上から下へと流れる重力とそれを支持する力、という通俗的な建築力学的ドラマに自分の建物が陥ってしまわないように、「海草のように」

せんだいメディアテーク内の市民図書館

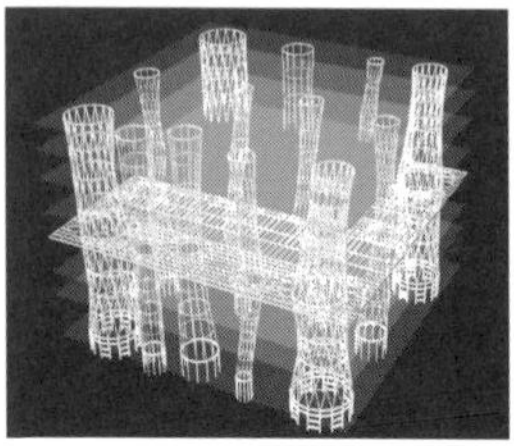

構造コンセプトイメージ図

階段を収めたチューブ

力の掛からない中性的な要素としたいという意向を強く打ち出したものであった。そこで伊東はまずキュービックな空間を、六枚の鋼鉄製の薄い「プレート」を、切れ味のいい刃物かなにかのように水平に使って、階高を変えて輪切りにし、その後で、これらの床板を支持するのではなく、中空に留める、あるいは「係留する」といった感覚で、最終的に「Steel pipe の組み合わせ」によって造られた例の「チューブ」に固定したのである。

積層するスラブの中を、各階で異なる位置に穴を開けるようにジグザグに立ち昇っていった合計十三本の「チューブ」は、おそらく伊東が最初に思い描いていたよりは、はるかに大きな存在感をもって、工事から竣工時に向かう時間の経過とともに、伊東自身をはじめ、工事関係者の目の前に立ち現れてきたに違いない。エレベーター・シャフトとして、階段室として、あるいは単に光や風を取り込むための光庭などとして、それぞれ役割を与えられながら、建物のキューブ性を内側で抉《えぐ》り貫くチューブの林。しかし完成した建物の中に立ち現れた「柱」は、スケッチにあったような、ふわふわと海草のごとく漂うような、中立的で無害で非個性的な存在ではなく、はっきりとした存在理由と主張をもった、特異な、いままで近代建築の中ではあまり出合ったことのなかったような、新しい建築空間を内包するエレメントとして立ち現れてきたのである。そこに大小さまざまな口径で口を開いて待っていたのは、まさしく「チューブ」「チューブ」「チューブの空間」「チューブの建築思想」へのトンネル、導入坑であった。実際に「せんだい」のチューブのなかの一本、南東隅にある非常階段を兼ねた階段塔を自分の足で登り、うねるように上がっていく階段と、登るにつれて薄い断面をみせてくる各階の床板が眼前を過ぎていくのを確認し、また各階の様子をガラス窓越しに眺めつつ、そのチューブの中から最後に、図書館や美術館のフロアにドアを開けて入っていくと、ほかの建築では体験できなかったような新鮮な建築体験ができるのだが、日常的な利用者たちは、そのようなアプローチをあまり取らずにエレベーターを利用しているし、また伊東自身も建築のそういった側面に特別関心を示しているようにも思えなかった。伊東は、アイデアから実施設計への段階で、スラブを貫くチューブの重要性は十分に意識していたと思われるが、はたしてどの程度にまで深く、このチューブそのものの内部が抱えている空間の重要性や特殊性を意識していたか、はっきりとは分からない。しかしこのチューブの内部空間の上や下への、リフトのような機械力によってではなく、人の足を使った移動がこれほどまでに新鮮な、また懐かしい空間体験をもたらすということについての明確な認識を伊東がもったのは、かなり後、もしかしたら工事中から完成後のことであったかもしれないとも思われた。というのも訪問者のひとりとして、このチューブ空間は、デザインによっては、実際に今見ている以上に面白く刺激的な空間経験ができる場にできたはずだ、という思いに襲われずにはいられなかったからである。

三つの方向

二一世紀最初の年にオープンした「せんだいメディアテーク」は、まさに伊東豊雄の新しい世紀へのマニフェストにほかならなかったが、その後彼はその宣言（あえて勝手に名付けるとするならば建築的「チュービズム宣言」）に従って、自分が設計する建築作品のデザインを、すべて同じ方向に向きながらも、大きく分けて三つの微妙に違う方向性を与えながら纏め上げていっているようにみえる。

その第一は、「せんだい」において、エレベーター・シャフト、階段室、光庭、換気筒などとして機能していた「チューブ」を「キューブ」からほぼ独立させ、チュービックな筒状の空間それ自体として建築設計を推進していく方向であり、第二は、「せんだい」の建築のアウトラインが示していた幾何学的なプライマリーな形態を構造的な箱としてやはり捉えて、それに対して積極的に切り込む、さらに刻み込む作業を加え、結果として実に装飾的で劇的な場面を、建築の主にファサードや他の立面に用意するという方向である。第三の方向は、建築的キューブの固体性を透明なスキンとしてのガラス壁などを使って消しつつも、キューブとしての輪郭は残しながら、そのキューブの中に、チューブとそれから派生したともいえるケイヴ（洞穴）の空間を詰め込んで、その中をチューブで一杯に、いわばチューブの共和国をそこにつくり出す、といった方向性であった。

第一の方向性、伊東の建築設計における「チュービズム」の純化、独立化という方向性がもっとも如実に感じられる作品は、現在も工事が進行中だが、スペインの地中海岸に面したトレヴィエハの保養公園の一施設で、巨大な蓑虫の蓑がユーモラスに大地の上に転がっているかのようにも見える、スティールバーと木材を組み合わせた「巻貝のような」螺《ら》旋《せん》構造をもつ建築、「リラクゼーション・パーク・イン・トレヴィエハ」（2001～）であろう。この建築は、かつて流体力学の研究者テオドール・

リラクゼーション・パーク・イン・トレヴィエハ（2001～）

シュペングが『カオスの自然学』と題した本の中で、川の蛇行現象を説明して書いた「流れの屈折部で水は内側から外側へ流れようとして水中に潜り、水流の基底部に沿って内側に戻って浮上する循環運動を起こす、この逆巻く運動と下流に向かう運動が合体して螺旋運動が構成される」という記述にそのままに伊東が対応して完成したデザインであったことが分かるだろう。つまり地表面上の凹所を高きから低きへ、蛇行を繰り返して流れていく〈川というチューブ〉の持つ特性を、構造として自分の建築の構造と外殻として移し替え固定することに彼は見事に成功している。

この「トレヴィエハ」のケースほどストレートなチューブ性は提示していないにしても、このほかにも同じ方向性をもつ注目すべき作品は少なくない。伊東は時には鉄筋コンクリート・シェル構造を自分の建築的想像力の表現手段として使い、曲線に溢れ、生物の内臓図を想起させるほどにチューービックな性格を強く表したプランの上に、有機体の内臓器官の一部を切り開いて獲得したかのような、皮膜的感覚にあふれたシェル屋根を、あくまでも軽く被せるように載せていく。たとえば、シンガポールで二〇〇三年から始まっている「ヴィヴォシティ」と名付けられた大規模な海浜ショッピングモールの計画や、「アイランドシティ中央公園中核施設〝ぐりんぐりん〟」(2005)、岐阜県各務原市の「瞑想の森 各務原市営斎場」(2006)等の一連の作品がそれである。構造担当のエンジニアたちが、「自由曲面シェル」と呼ぶという、文字通り有機的で柔軟な

瞑想の森 各務原市営斎場(2006)

美しい曲面をみせるシェル構造体は、伊東のほかの多くの建築の場合と同じように、工業化された標準仕様へといたる技術とは違って、現場の職人たちがその場でパソコンを駆使して作業を続けた、まさしく職人たちの手と体の動きが痕跡として建物の上に刻印されたような、新しい形での手作りの一品生産の建築であり、それが二十世紀的モダニズム手法に対する苛烈な批判にもなっている。

目標とすべき一里塚

構造的キューブの装飾的解体という、二一世紀の伊東デザインにおける第二の顕著な方向性は、かつて「消費の海に浸らずして新しい建築はない」[9]と公言して憚らなかった伊東が、新世紀を迎えて新たに編み出した、かなり硬派の、また最終的な「キューブ解体宣言」であったといえるだろう。こうした方向から設計された一連の建物は、まず最初にヨーロッパで仮設的な建物の上で、たとえばベルギーの「ブルュージュパヴィリオン」(2002)や、ロンドンの「サーペンタイン・ギャラリー・パヴィリオン２００２」(2002)などで実験的に試みられた。やがてこれが、長野県の「まつもと市民芸術館」(2004)の、ロビーからホワイエさらにホールへと続く流麗でチュービックな平面を、ＧＲＣのパネルにガラスを嵌《は》め込んだ壁面が包む、光と影が綾なすインテリアに続き、さらに進化して、建築を取り囲む構造そのものに大胆に穴をあける手法へと本格化していった。東京・青山の「TOD'S表参道ビル」(2004)では、鉄筋コンクリートの構造壁には、ケヤキ並木のシルエットが描き出され、あるいは銀座の「MIKIMOTO Ginza2ビル」(2005)では「せんだい」の床スラブに使われていた合わせ鋼板が今度は構造的な外壁となり、そこにホルスタイン牛の体の模様を思わせるような放埒で不定形な開口部が全面に配されている。ゴシック建築の最終様式を想起させ、おもわず現代建築の「火炎様式《フランボワイアン》」といった呼び方をちょっとしてみたくなるようなこの一連の建築は、建築の主要なテーマのひとつに装飾を置くという、まさしく反〈キュービズム〉、反〈モダニズム〉の表出のための究極的手法であったが、そのことは建築の外観の様相だけでなく、実は内部空間の構成にも同じようにいえることであった。つまり、「MIKIMOTO Ginza2 ビル」や「TOD'S 表参道ビル」のインテリアには、「ＰＭＴビル―名古屋」のプランにすでに部分的に現れていたような、キュービックな空間を、階段や吹抜けなどのチューービックな性格をもつエレメントで繋ぐことによって、結果として内部空間全体をチューブ的な連続体に変容させる方法が採用されているからである。

さて、最後の三番目に示された方向性は、第

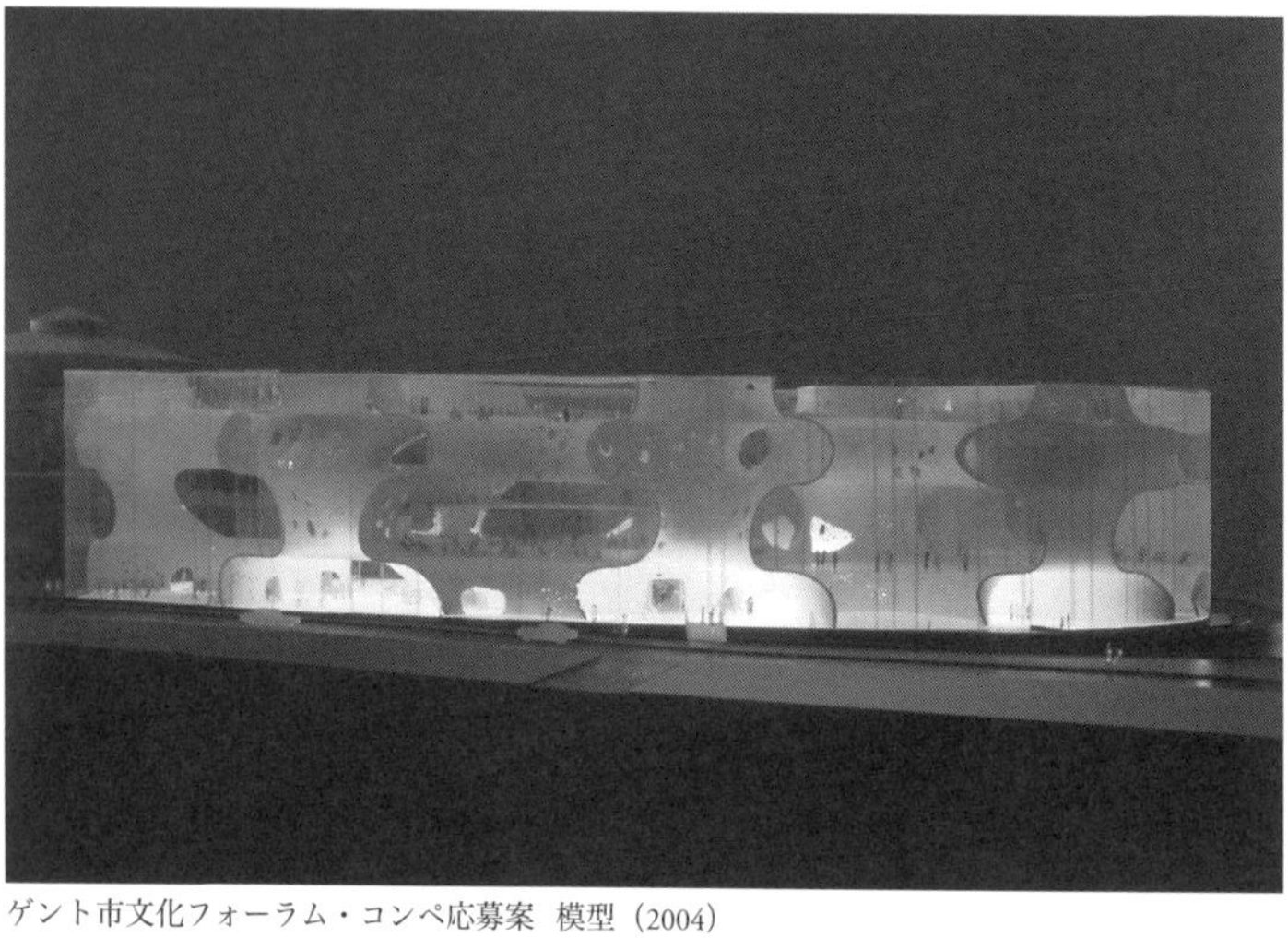

ゲント市文化フォーラム・コンペ応募案　模型（2004）

一と第二の方向性をひとつに纏めたものであり、いわば「せんだい」の手法に直結する形で生まれ出たものであった。さまざまなチューブやケイヴが平和的に共存し、連続しながら充満する箱。旧来の秩序・序列《オーダー》が崩壊し、中立的で透明になったキューブの輪郭をどうにか維持しながらも、その内の空間的な内容はまったく別のものにした〈共和国〉を建築として構成しようとする、伊東の建築家としての飽くなき野望は、「せんだい」のコンセプトをさらに鮮明にしたノルウェーの「オスロ・ウェストバーネン再開発計画」コンペ応募案（2002）に続き、さらに、曲面の壁や天井の連続で、チューブ性とケイヴ性をより高めたベルギーの「ゲント市文化フォーラム」のコンペ応募案(2004)に提示された。建築全体の構造は、垂直方向にS字を描いて波打つように昇るシェル構造の壁と、それを繋ぐ水平な床で構成され、それらの構造的断面を透

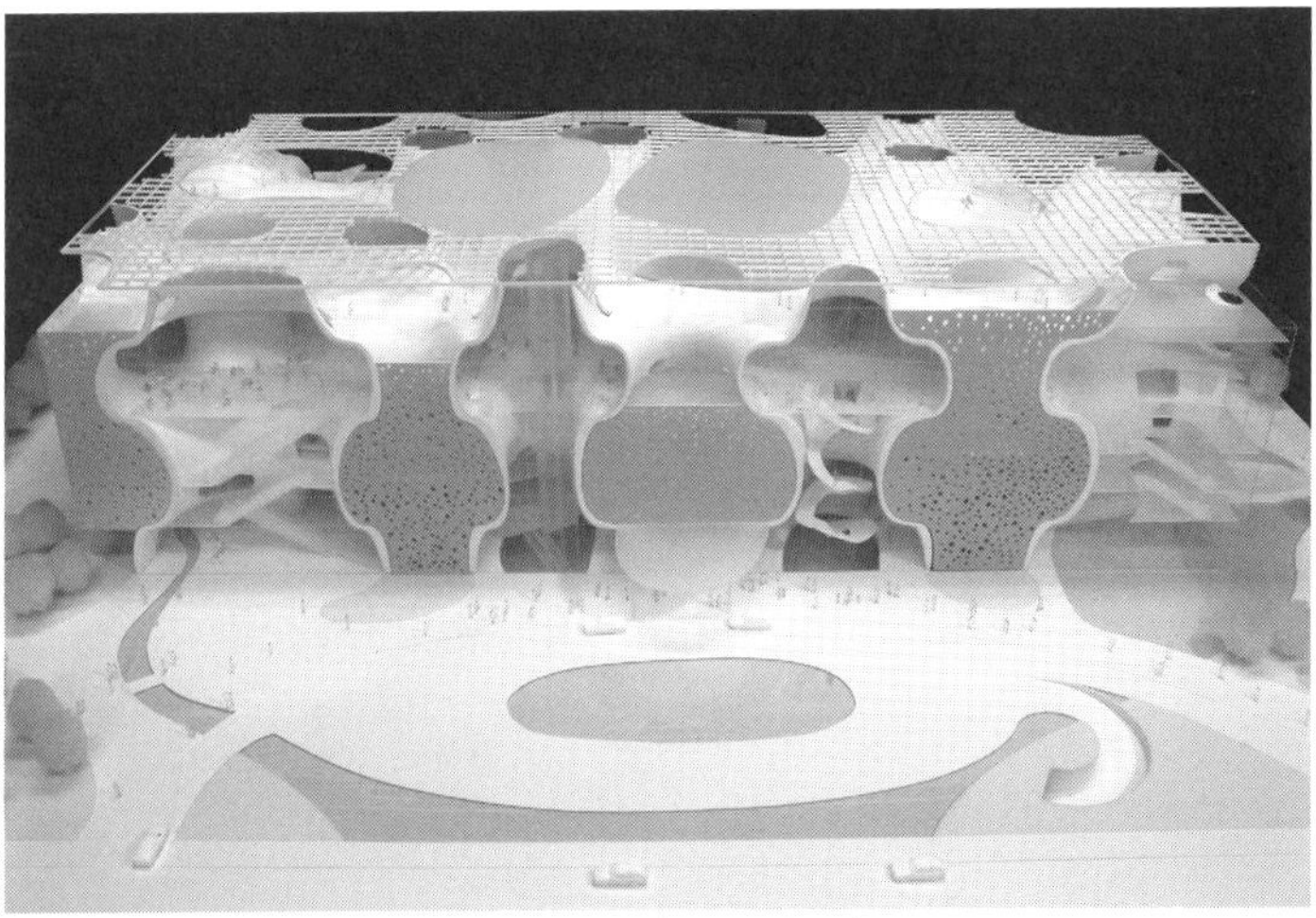

台中メトロポリタン・オペラハウスコンペ当選案　模型（2005）

明なカーテンウォールを通して外に向かって見せている計画であったが、残念ながら実現されることなく終わった。その後二〇〇六年、伊東は、台湾の「台中メトロポリタン・オペラハウス」のコンペ（2005）において、当選案に選ばれて、現在その実現に向けての努力を続けている。ゲントのアイデアをより洗練させ、また複雑に、大規模にしたこのデザインが近い将来台中の都市空間に実現するとすれば、伊東の長く果てしない〈チュービズム〉をめざしてきた旅の、輝かしい一里塚となって、後からやってくる若い建築家たちの重要な目標となるにちがいない。そしてそれはまた、二十世紀初頭のバルセロナでアントニ・ガウディが「カサ・ミラ」などで始めた建築的チュービズムが約一世紀の時を経てみごとに伊東に連結し、めでたくひとつの円環が美しく完結されたことになるともいえるだろう。

（二〇〇六年記）

［註］

1 「風の建築をめざして」『建築文化』一九八五年一月号（『風の変様体』青土社　三五二頁所収）
2 「形態の溶融」『新建築』一九八二年四月号（『風の変様体』二九〇頁所収）
3 「シングルラインのル・コルビュジエ」『透層する建築』青土社　二〇〇〇年　二九一頁所収
4 「二十一世紀の幔幕」『新建築』一九九〇年十月号（『透層する建築』一〇一頁所収）
5 「ポスト・モダニズムをめぐる問いに答える」『建築雑誌』一九九〇年一月号（『透層する建築』九二頁所収）
6 「メディアの森のターザンたち」『GG』一九九七年五月号（『透層する建築』四五六頁所収）
7 『チュビズム宣言』PARCO出版　一九八二年
8 「二十一世紀の幔幕」『透層する建築』九八頁所収
9 『新建築』一九八九年十一月号（『透層する建築』四六頁所収）

あとがき——長谷川堯

同じ時代を生き くりかえす会話と思索のあげくに

はせがわ・たかし　1937 〜

島根県生まれ。1960 年早稲田大学第一文学部卒業。武蔵野美術大学造形学部教授。2008 年 3 月、退職。
主な著作　『神殿か獄舎か』（相模書房、鹿島出版会・SD 選書）、『建築——雌の視角』（相模書房）、『都市廻廊』（相模書房、中央公論社・中公文庫）、『建築の現在』（鹿島出版会・SD 選書）、『建築有情』（中央公論社・中公新書）、『建築の生と死』（新建築社）、『生きものの建築学』（平凡社、講談社・講談社文庫）、『建築逍遥』（平凡社）、『ロンドン縦断』（丸善）、『田園住宅』（学芸出版社）、他。
受賞　『都市廻廊』に対して《毎日出版文化賞》、『建築有情』に対して《サントリー学芸賞》。一連の建築評論活動に対して、《日本建築学会業績賞》（1985）。

本書『建築の多感』の中に取り上げて論じた建築家たちは、私が一九六〇年代に建築に関する評論活動を開始して以後、ほぼ半世紀にわたる時間の中で、いわば〈同じ時代の空気を吸う〉といった形で、共に生きてきた設計者たちであると考えている。もちろんこの中には、私よりも十歳以上も年上の建築家たちも何人かおられ、彼らを同世代というのにはたしかに少し年齢が離れすぎていることもたしかである。しかしたとえば石井修氏、高橋靗一氏、渡邊洋治氏という、いずれも一九二〇年代前半生まれの設計者たちに、私はおそらく七〇年代の初めに出会い、彼らから建築についてのさまざまな貴重な教えを受け、また議論した時でも、私は彼らとの年齢差をほとんど忘れて、それこそ同じ時代の空気を吸い、少しおこがましい言い方をさせてもらうとすれば、彼らと一緒になって、これからの建築や、建築家のあり方といったものを考えさせてもらったように記憶している。

今回本書と同時に上梓した『建築の出自』で取り上げた建築家たちの場合は、菊竹清訓氏を別にすれば、生年がさらに遡って一九〇〇〜一九一〇年前後にこの世に生を享けた建築家たちが中心であり、私が評論活動を開始した頃には、彼らは建築家としての自分の仕事を、すでにほとんど成し遂げていて、建築界で確固とした地歩を固めていた方々であった。だから、まさに駆け出しの物書きとしての私は、新入りの褌担ぎよろしく、ある種のがむしゃらさで、彼らの広く強靭な胸に向かってとにかくぶつかっていけば文章になった、ともいえたのだ。いい換えれば、この『多感』の中で取り上げた建築家のほとんどは、彼らについて文章を書く機会を雑誌社などから私が与えられたそれぞれの時点では、自分自身の建築家としての確実な到達点や、最終的な仕事の輪郭、帰結といったものを、まだはっきりと見出したり思い描いたりすることができていたようには見えず、いわばどこまでも〈進行形〉の設計者たちであったのであり、『出自』の場合のように決して〈完了形〉として論じることのできない状態にあったといえるだろう。このような当時〈進行形〉であった建築家たちについて論じることは、対象が動いているために完全に捕捉することの難しさがあったと同時に、逆に、生《なま》ものを扱う楽しさ、といったものを、書く側の私にもたらしてくれたのである。

この本の中に登場する十名の建築家を、大きく三つのグループに分けて考えることができるように思う。その一つは、冒頭の東孝光氏に始まり、山下和正氏、宮脇檀氏、内井昭蔵氏へと展開する、一九三〇年代半ばに生まれた建築家たちのグループであり、彼らは仕事を始めたのがいずれも一九六〇年代以降の、いわゆる〈都市住宅派〉に属する設計者である。しかし彼らは同じ戦後青春世代に属していたとは言え、その感性の多彩さに基づいて、それぞれに異なる魅力的な砦（都市内住居）を提案し、築いてみせた。この四篇の建築家論は、当時『新建築』誌の編集長であった馬場璋造氏からの執筆依頼によって連続的に書くことができた論考である。

さらに二番目のグループとなる、高橋靗一氏、渡邊洋治氏、石井修氏の三氏は、いわゆる戦中青春世代の建築家たちであり、先の戦後青春世代にとっての様々な意味で兄貴分的な存在であった。彼らは、基本的には戦後モダニズムの洗礼を直接的に受けるところから出発しながら、それぞれの仕方でそれを乗り越え、たんなる〈建物〉でしかないものを、かけがえのない〈建築〉へと齎すために悪戦苦闘した先輩たちとして後輩たちの尊敬を集めた。石井氏の目神山の実験や、高橋氏の大阪芸大での仕事についての現地を訪ねての私の報告記は、『新建築』誌の石堂威氏から、声を掛けてもらった結果まとめることのできた文章である。渡邊洋治論については、彼の三回忌に合わせて刊行された『渡邊洋治建築作品集』の同刊行委員会から、委員であった相田武文氏を通じて、執筆依頼をうけたものである。

そして最後の、倉俣史朗氏、相田武文氏、伊東豊雄氏の三氏は、世代的には先の戦後青春世代に属するものの、〈都市住宅派〉の建築家たちの、彼らが生きている〈現在〉に自分たちの視線を集中させようとする、ある意味で地道で地味な設計者としての姿勢とはやや異なり、自分たちの建築設計やデザインの中にどちらかと言えば〈現在〉よりも〈未来〉の模索に比重を掛けつつ仕事を展開していった人たちであった。つまり自分がやがて繰り出そうとするデザインにおいて、どこかで、これまで誰も手がけたことのないような、いわば前人未踏の領域を実現することを常に念頭に置き、真摯に試行錯誤を重ねて行くようなタイプであり、彼らのある意味での必死ともいえる創造にむけての感性の触手が、結果として彼らの作品を鮮やかな光彩で包んだと同時に、そうした試みそのものが内包しているある種の苦痛や懊悩が、これらの創作者たちの内面を常に襲っていたことも、かすかに見えてくるだろう。倉俣論は『商店建築』誌の当時の編集長であった本多美昭氏の依頼によって、一二ヵ月連載で書くことができた。また相田論は、氏の還暦を記念した『相田武文建築作品集』に、長年の友人である彼自身の希望で寄稿した論文であり、最後の伊東論は、伊東氏自身からの直接の依頼で書き、彼が先年東京などで開催した「伊東豊雄 建築／新しいリアル」展用のカタログの中に掲載された文章である。

今回一冊にまとめるに際し、登場する建築家の皆様、ご遺族の方々に貴重な写真や図版をご提供いただいた。ここに謝意を表したい。

昨年十一月、鹿島出版会のＳＤ選書の中に、三十数年前の拙著『神殿か獄舎か』を再刊することができたが、この再刊の中心となった同出版会の川嶋勝氏が、今回の『建築の出自』、『建築の多感』の二冊も同じく担当して、出版に向けての様々な労を執っていただいたことに深く感謝したい。また『神殿か獄舎か』の場合とこれも同じように、神子久忠、小川格両氏には、様々な面で言葉に尽くせないほどお世話になった。神子氏には、ほとんどが数十年前に書いた拙文に改めてすべて目を通してもらい、的確な助言を数々貰って参考にした。さらに小川氏は、彼が主宰する編集事務所、南風舎の平野薫、南口千穂、大野聡子の諸氏とともにこの二冊の本の編集、装丁、レイアウト等の困難な作業を担当してもらい、さらに私の二校、三校に及ぶ加筆と変更に、常に柔軟に対処して、結果として非常にすばらしい本に仕上げていただいた。心から御礼申し上げげたい。

なお、この二冊の本の出版については、武蔵野美術大学出版助成資金をその一部として利用した。

二〇〇八年三月

枝先のふくらむ林ひな鳥の胸毛の如し春はもうすぐ

著者

初出一覧（初出時タイトルおよび掲載誌）

論考——東孝光「焼け跡とそれにつづく肉親さがしについて」『別冊新建築・東孝光』新建築社　一九八一年四月

論考——山下和正「〈個〉の皮と殻につつまれて」『別冊新建築・山下和正』新建築社　一九八一年四月

論考——宮脇檀「まだプライマリィですか」『別冊新建築・宮脇檀』新建築社　一九八〇年九月

論考——内井昭蔵「肉体の健康と内面の飢え」『別冊新建築・内井昭蔵』新建築社　一九八一年四月

論考——高橋靗一「コンクリートが建築になった！」『新建築』新建築社　一九八二年一月号

論考——渡邊洋治「日本海の怒濤は今も押し寄せる」『渡邊洋治建築作品集』新建築社　一九八五年十一月

論考——石井修「現代ユートピアへの試行」『新建築』新建築社　一九八一年八月号
「《天と地》の相克」『別冊住宅建築・住空間と緑』建築資料研究所　一九八八年一月

論考——倉俣史朗「「伝説」にただようクラマタの秘境」『商店建築』商店建築社　一九七三年五月号・六月号

論考——相田武文「建築へ、都市の果てしなき襲来」『相田武文建築作品集』新建築社　一九九八年七月

論考——伊東豊雄「キューブ崩し、あるいはチュービズム建築をめざして」『伊東豊雄　建築—新しいリアル』伊東豊雄展実行委員会　二〇〇六年

写真提供

相田武文設計研究所—219　相原功—273　東環境・建築研究所—7・17　伊東豊雄建築設計事務所—241・261・264左・267・270・271　内井建築設計事務所—69　小川隆之—169・174・180・182・197　佐藤武志—113・126・128・133・135　新建築社—125・131上左・中右・中左・下・221・225・228・230・233・237・245上下　鈴木悠—20　第一工房—93　多比良誠／石井智子美建設計事務所—137　藤塚光政—188・207　村井修—13・17・52・54　山崎建築研究室—49　山下和正建築研究所—27・29・30上下・37・40

建築の多感
長谷川堯 建築家論考集

発　行　二〇〇八年四月二〇日　第一刷©
著　者　長谷川堯
発行者　鹿島光一
発行所　鹿島出版会
〒一〇七―〇〇五二
東京都港区赤坂六―二―八
電話：〇三―五五七四―八六〇〇
振替：〇〇一六〇―二―一八〇八八三
制　作　南風舎
印刷・製本　三美印刷

ISBN 978-4-306-04502-6 C1352
Printed in japan

本書の内容に関するご意見・ご感想は下記までお寄せください。
URL:http://www.kajima-publishing.co.jp
e-mail:info@kajima-publishing.co.jp

建築の出自　長谷川堯 建築家論考集

長谷川　堯＝著

四六判・二八〇頁・定価（本体二、五〇〇円＋税）

創造力の秘密に迫る珠玉の評論集。
前川國男、白井晟一、山口文象、佐藤秀三、
浦辺鎮太郎、菊竹清訓。
モダニズムという仮面の下にひそむ
〈ヴァナキュラーな建築〉。
人と作品を結ぶ〈不可視の紐帯〉を探る。

前川國男　「告白」についての読み直し
白井晟一　〈父〉の城砦と青春の〈子〉の円熟
山口文象　浅草の〈過去〉に棟梁の子が見た〈未来〉
佐藤秀三　田園を志す建築家のこころ意気
浦辺鎮太郎　都市倉敷を大原總一郎と織り上げる
菊竹清訓　天降りする建築の〈降臨〉のゆくえ

神殿か獄舎か

SD選書247

長谷川　堯＝著

四六判・二七八頁・定価（本体二、四〇〇円＋税）

モダニズムを震撼させた衝撃の名著。
「大正建築を論じながら、建築というものの
本質にまで届くような指摘をし、
さらに、はっきりと、現代の日本の、
さらに世界の建築を〝オス〟と相対化してみせた」
（藤森照信）

Ⅰ　日本の表現派
――大正建築への一つの視点
Ⅱ　大正建築の史的素描
――建築におけるメス思想の開花を中心に
Ⅲ　神殿か獄舎か
――都市と建築をつくるものの思惟の移動標的
解題　長谷川堯の史的素描――藤森照信

鹿島出版会　〒107-0052 東京都港区赤坂6-2-8　電話：03-5574-8601（営業）
URL: http://www.kajima-publishing.co.jp　e-mail: info@kajima-publishing.co.jp